MASTERCLASS. MALEN WIE DIE GROSSEN MEISTER.

SELWYN LEAMY

MIDAS

Inhalt

VEREINFACHEN

STIL

MATERIALIEN, RESSOURCEN UND ANORDNUNG

MASTERCLASS – Malen wie die großen Meister

Midas Collection
Ein Imprint der Midas Verlag AG
ISBN 978-3-03876-189-1

1. Auflage

Übersetzung: Claudia Koch, Kathrin Lichtenberg
Lektorat/Korrektorat: Friederike Römhild
Bildrecherche: Alison Prior
Illustrationen: Selwyn Leamy
Buchdesign: Alexandre Coco
Layout: Ulrich Borstelmann
Cover: Agentur 21

Midas Verlag AG
Dunantstrasse 3, CH-8044 Zürich
E-Mail: kontakt@midas.ch
www.midas.ch

Englische Originalausgabe:
Laurence King Publishing Ltd, London

Die deutsche Nationalbibliothek verzeichnet diese Publikation in der Deutschen Nationalbibliografie; detaillierte bibliografische Daten sind im Internet unter www.dnb.de abrufbar.

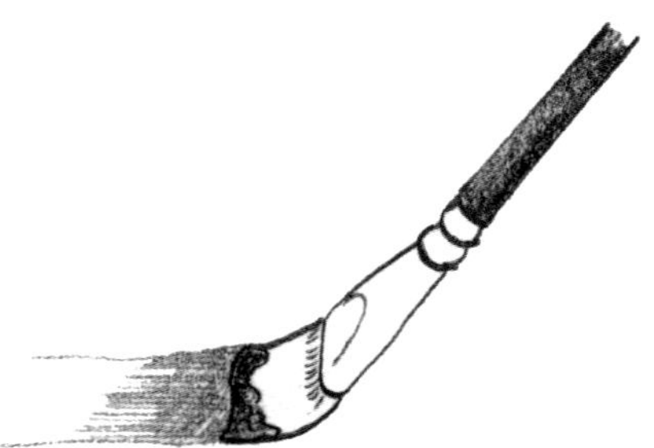

Sie können das

Zuerst müssen wir mit dem Mythos aufräumen, dass man mit einem magischen Talent zum Maler geboren sein muss. Das ist nicht wahr. Malen ist wie alles andere, man kann es lernen, es braucht Übung und es macht Spaß ... versprochen.

Die erste Hürde, die es zu nehmen gilt, ist der Angstfaktor. Um wirklich Freude am Malen zu haben, müssen Sie akzeptieren, dass nicht jedes Bild ein Meisterwerk werden wird, und das ist völlig okay.

Malen macht Spaß, aber es ist nicht leicht. Dieses Buch soll Ihnen das Malen erleichtern, indem es den großen Knoten der technischen Informationen entwirrt, der oft mit der Malerei verbunden ist; es gibt Ihnen ein paar nützliche Tipps und Übungen und inspiriert Sie hoffentlich durch die Arbeit anderer Künstler, alter Meister und mutiger Zeitgenossen.

Geniale Gemälde anzuschauen und zu sehen, wie und warum andere Maler ihre Werke geschaffen haben, ist auf technischer Ebene nützlich, aber es kann auch ein Antrieb für Sie sein. Es gibt eine Vielzahl von Kunstwerken in diesem Buch. Einige werden Sie inspirieren, andere werden Sie vielleicht verwirren. Niemand mag alles, aber seien Sie offen für andere Ideen.

Dieses Buch deckt die drei Hauptmedien Öl, Aquarell und Acryl ab, denn ehrlich gesagt: Malen ist Malen, egal, was man benutzt. Einige Techniken sind je nach Medium völlig unterschiedlich, aber viele sind ähnlich: keine Farbe ist besser oder schlechter; es hängt nur davon ab, was man machen will.

Malen ist mehr als eine Reise, es ist ein Abenteuer. Wohin Sie dieses Abenteuer führt, hängt ganz von Ihnen ab.

Ich empfehle, mit leichtem Gepäck zu reisen, Sie brauchen nicht haufenweise Material, um ein großer Maler zu sein! Im Anhang dieses Buches finden Sie zahlreiche Informationen zu den verschiedenen Materialien, auf die Sie beim Lesen immer wieder zurückgreifen sollten. Mit zunehmender Erfahrung können Sie mehr Material, verschiedene Pinsel und andere Dinge benutzen, aber denken Sie daran, halten Sie es im Zweifel einfach.

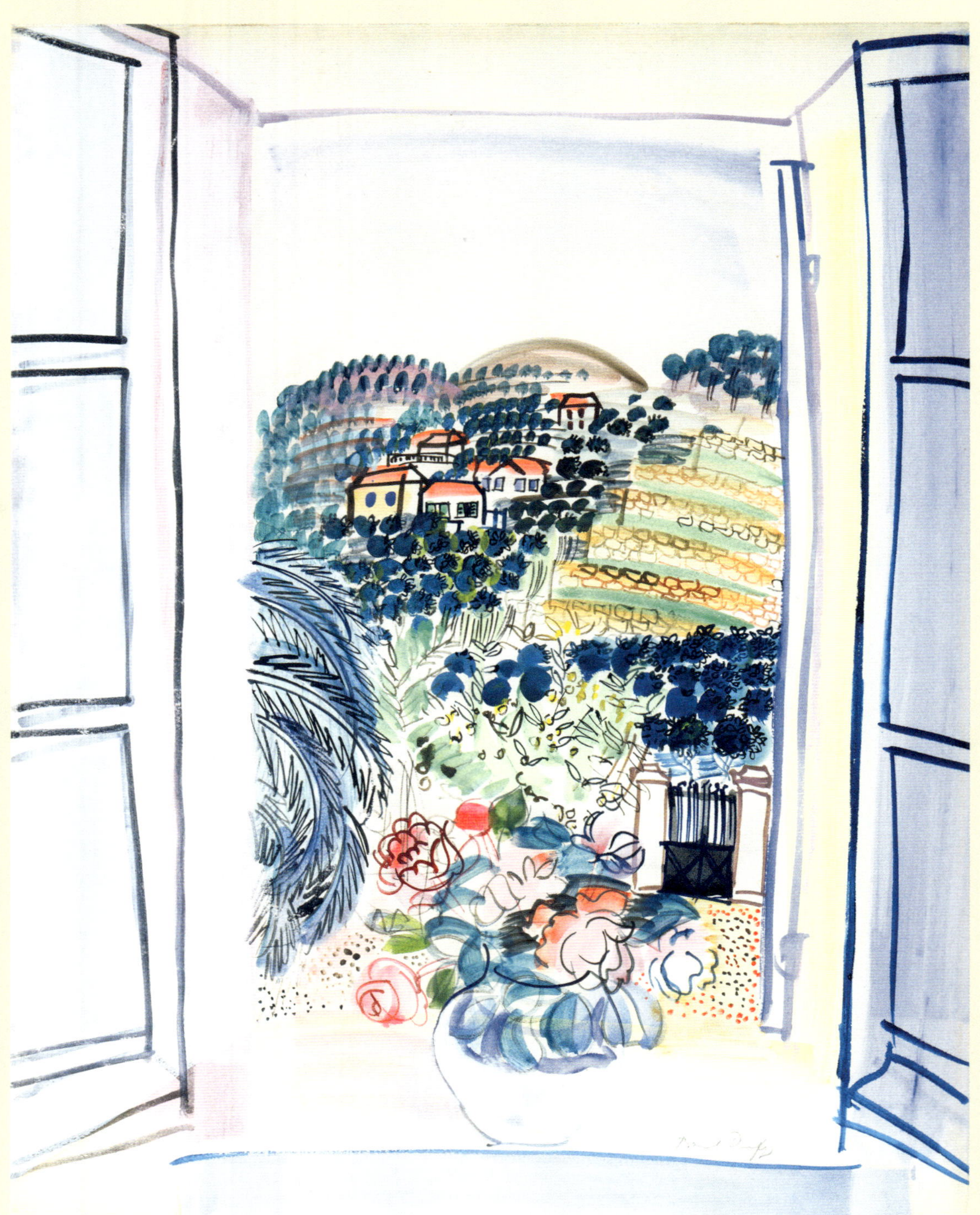

START

In jedem Künstlerbedarf finden Sie Regale voller Dinge: Flaschen, Gläser, Tuben, Papiere, Kartons, Leinwand. Ignorieren Sie all das.

Die Menschen malen seit Hunderten von Jahren, und im Laufe der Zeit ist es immer mehr geworden: Ideen, Einstellungen, Theorien, Techniken und Ressourcen. Es ist alles kompliziert geworden, aber die Malerei ist im Kern einfach, und dieses erste Kapitel befasst sich mit einigen Künstlern, die wirklich wissen, wie man die Dinge einfach hält.

Malen ist nichts anderes, als eine farbige Flüssigkeit dort anzubringen, wo Sie sie haben wollen.

Mit den Übungen in diesem Kapitel sollen Sie sich daran gewöhnen, mit Farbe umzugehen und sie zu bewegen. Wenn Sie einmal den Dreh raus haben, können Sie Ihrer Kreativität freien Lauf lassen.

Die Farbe frei aufzutragen ist der erste Schritt; der nächste Schritt ist, sie dort anzubringen, wo sie bleiben soll. Das ist der Schlüssel, und brauchte Übung. Glauben Sie mir, große Künstler üben viel.

Sehen Sie sich dieses verspielte Gemälde von Raoul Dufy an. Es ist schwer, sich beim Anblick dieser Landschaft nicht fröhlich und unbeschwert zu fühlen. Dufy malte diese Ansicht fast 20 Mal als einfachen Ausdruck von etwas, das er liebte, aber es war auch eine Übung (nicht, dass er es so gesehen hätte). Wenn Sie etwas gern haben, kann es nicht schaden, es so oft zu malen, wie Sie wollen.

Für diesen ersten Abschnitt brauchen Sie nicht viel: Acrylfarbe, etwas dickes Papier und ein paar Pinsel. Und einen Apfel, aber dazu gleich mehr.

Also atmen Sie jetzt durch und los geht's!

Raoul Dufy
Offenes Fenster in Saint Jeannet
Gouache auf Papier | ca. 1926–1927
65,6 cm x 50,7 cm

TECHNISCHER EXKURS

Bevor Sie anfangen

Acrylfarbe ist vielseitig und gut für den Einstieg geeignet. Sie können sie dick verwenden, wie Ölfarbe, oder dünn und verdünnt, wie Aquarellfarbe (mehr dazu auf Seite 119). Aber beim Malen geht es darum, den Künstler in Ihnen zu wecken. Wie wir wissen, können Künstler genau das tun, was sie wollen. Wenn Sie also diese ersten Übungen lieber mit Ölfarbe, Aquarellfarbe oder irgendetwas anderem ausprobieren wollen, dann nur zu.

Wichtig bei der Eingewöhnung ist, ein Gefühl für die Farbe zu bekommen, sie zu kontrollieren und sie auf dem Malgrund zu bewegen.

Die ersten beiden wichtigen Faktoren, auf die wir achten müssen, sind:

1. Wie Sie den Pinsel **halten**
2. Wie Sie den Pinsel **laden**

Zu Beginn brauchen Sie einen vielseitigen Pinsel, zum Beispiel einen weichen synthetischen Pinsel. Ich empfehle für den Anfang zwei Formen: einen runden Pinsel mit einer Spitze und einen Flachpinsel.

Diese beiden ermöglichen Ihnen ein breites Spektrum an Markierungen und Strichen. Aber bitte nicht zu klein – zwischen den Größen 6 und 12 haben Sie einen guten Bereich von größeren Flächen bis hin zu detaillierterer Malerei.

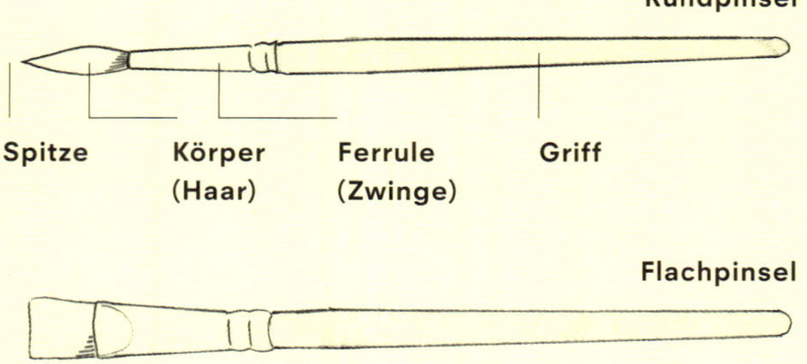

Den Pinsel laden:

Laden klingt sehr hochtrabend, dabei geht es schlicht darum, die Farbe von der Palette an den Pinsel zu bekommen. Dies ist natürlich die absolute Grundlage, kann aber bereits zum Stolpern führen. Mischen Sie Farben großzügig, und mischen Sie immer mehr, als Sie zu brauchen glauben. Achten Sie darauf, dass Sie den Überschuss abstreifen, damit beim Malen keine Flecken entstehen. Formen Sie Ihren Rundpinsel auf Ihrer Palette, indem Sie ihn drehen, um eine scharfe Spitze zu erhalten.

Streifen und wischen Sie den Pinsel immer wieder ab und reinigen Sie ihn. Die Farbe kann sich um die Zwinge herum ansammeln, was das Arbeiten erschwert.

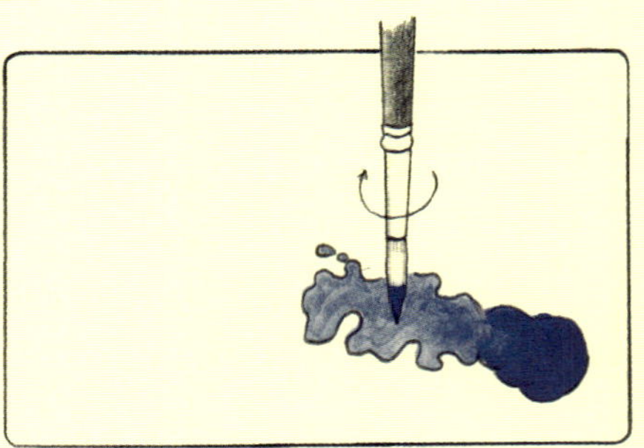

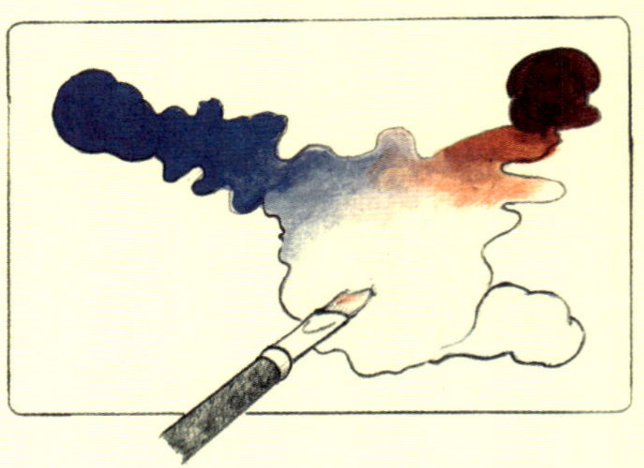

Den Pinsel halten:

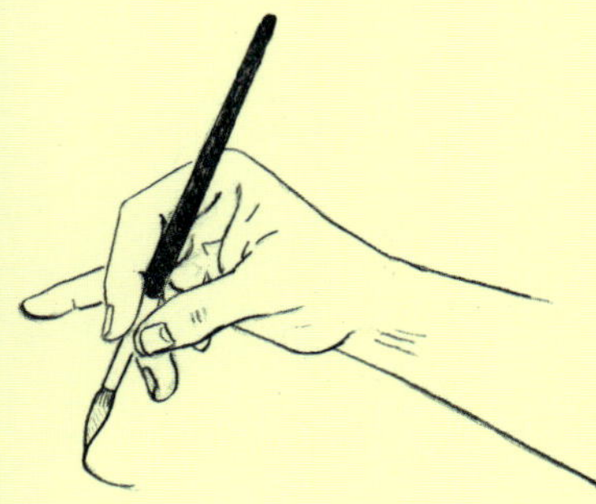

Halten Sie den Pinsel wie einen Bleistift (aber nicht zu nah am Ende), was eine gute Kontrolle ermöglicht. Sie können Ihren kleinen Finger an die Seite Ihres Bildes legen, um Ihre Hand zu stabilisieren.

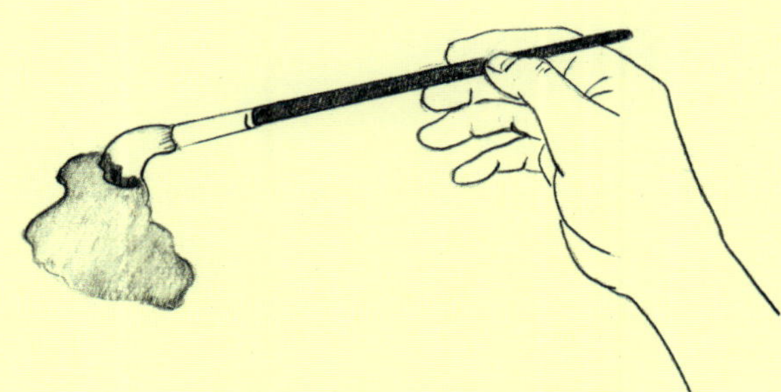

Den Pinsel am Ende zu halten, ist gut, um Abstand zu Ihrem Gemälde zu gewinnen, wenn Sie ein Gefühl für den Effekt und nicht für Details bekommen wollen.

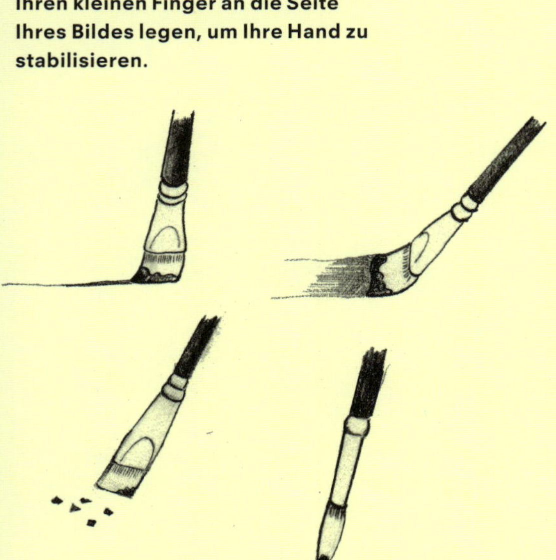

Gewöhnen Sie sich daran, beim Malen den Pinsel in der Hand zu bewegen, z. B. ihn zu drehen, um die gesamte Farbe auf Ihrem Pinsel zu nutzen.

FÜR DEN ERSTEN ABSCHNITT BRAUCHEN SIE FOLGENDES:

1. Platte oder harte Fläche zum Auflehnen
2. 330 g/m² Papier, mit Kreppband auf die Platte geklebt
3. Pinsel: Rundpinsel und Flachinsel (zwischen Größe 6 und 12)
4. Wasser
5. Papiertuch (oder Küchenrolle)
6. Palette
7. Farbe: für den Anfang Siena gebrannt, Ultramarin, Titanweiß
8. Bleistift 2B
9. Wasserlöslicher Stift oder Bleistift

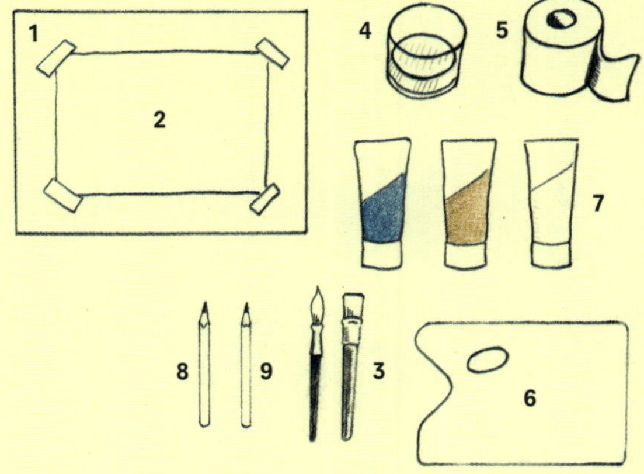

START

Vom Zeichnen zum Malen

Diese gespenstische Darstellung der Sacré Coeur von Sunga Park liegt irgendwo zwischen Zeichnung und Gemälde. Die architektonischen Details wirken wie eine Zeichnung, doch die Tropfen und die nebligen Verwaschungen (Wash) lassen sie wie ein Gemälde wirken.

Die markante Form der Kuppeln ist scharf gezeichnet. Park fügt dann mehr Wasser hinzu, um die losen, undefinierten Bereiche zu schaffen, und arbeitet darüber, wenn es fast trocken ist, um die Statuen und Bögen einzufangen.

Wenn Sie Ihre Farbe oder Tinte so verdünnen, spricht man von einem Wash, in Kombination mit dem Zeichnen können sehr stimmungsvolle Ergebnisse erzielt werden. Schauen Sie, wie Park einige Details in das Wash ausbluten lässt. Auf nassem Papier lösen sich die Pinselstriche auf oder breiten sich aus, auf trockenem Papier bleiben sie scharf.

Zeichnen kann einfacher wirken als Malen, weil man das Gefühl hat, einen Bleistift besser im Griff zu haben als einen Pinsel. Park hat für ihr Bild nur einen Pinsel benutzt. Wir werden zeichnen und dann mit dem Pinsel ein Wash erstellen.

Ein Aquarellstift oder ein wasserlöslicher Tuschestift verbindet die Kontrolle des Zeichnens mit ausdrucksstarken Washes und bietet eine gute Möglichkeit, ein Gefühl für die Malerei zu entwickeln.

Ein Aquarellstift gibt Ihnen Kontrolle wie beim Zeichnen. Fügen Sie für den Maleffekt einfach Wasser hinzu.

ÜBUNG:

(schwarzer Aquarell-Stift, starkes Papier, Rundpinsel und Wasser)

- **Zeichnen Sie den Umriss eines Apfels (für die entsprechenden Pigmente, bevor Sie Wasser hinzufügen.) In den dunkleren Bereichen fügen Sie Schattierungen hinzu.**
- **Machen Sie den Pinsel nass.**
- **Tragen Sie Wasser innerhalb der Linien auf, um die Pigmente zu lösen und in Farbe zu verwandeln.**
- **Malen Sie innerhalb der Form und füllen Sie sie aus.**
- **Wenn die Farbe trocknet, können Sie mit dem Aquarellstift erneut darüberzeichnen.**

Diese Technik ist gut für Stadtskizzen geeignet. Wenn Sie das nächste Mal in der Stadt sind, probieren Sie sie aus.

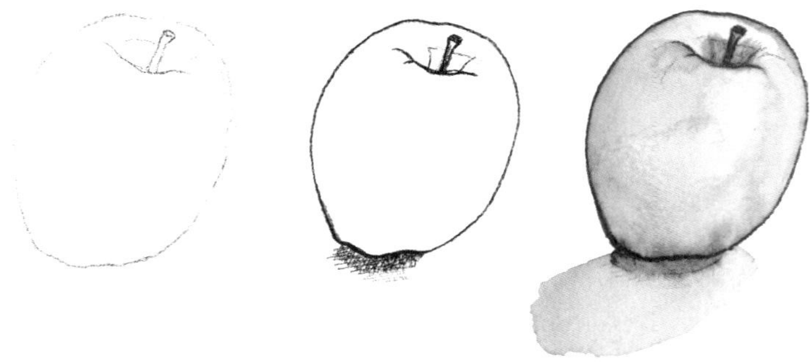

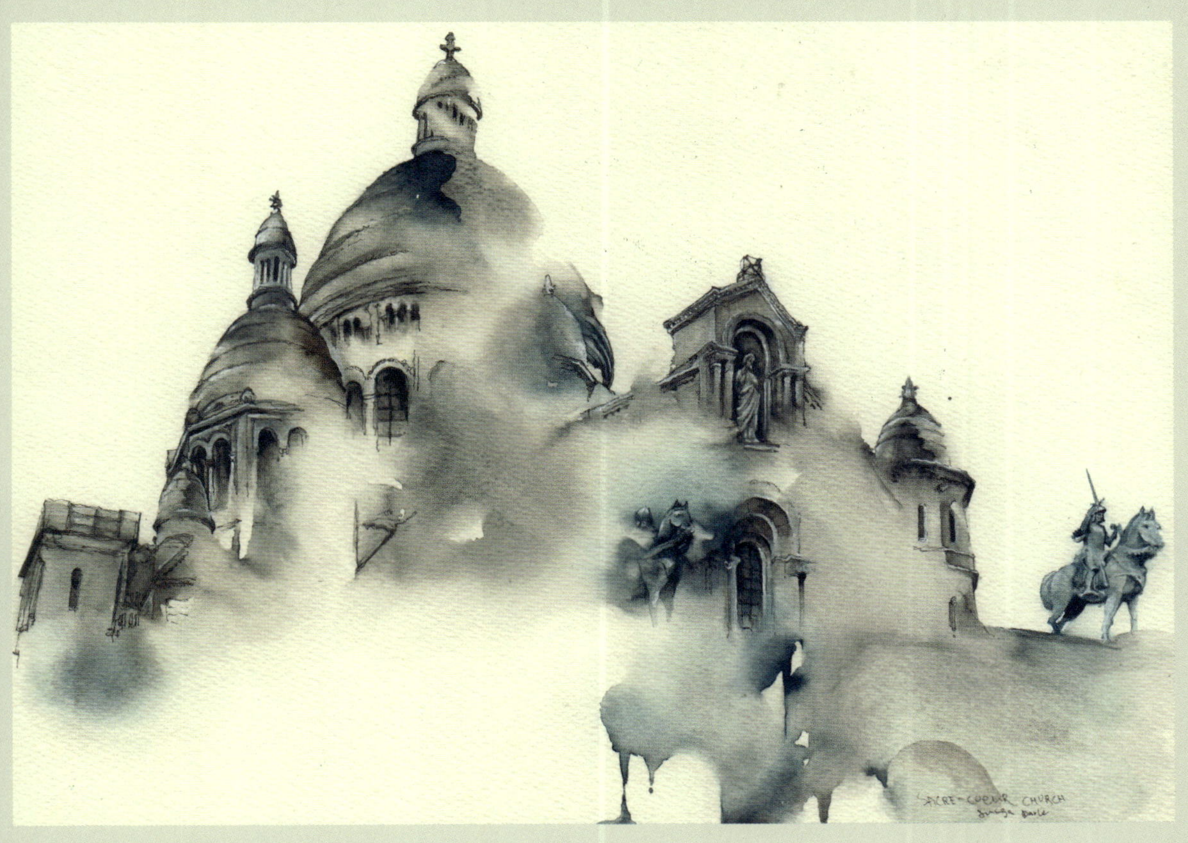

Sunga Park
Die Basilika Sacré-Coeur in Montmartre, Paris, Frankreich
Aquarell auf Papier | 2013
34,8 x 23,9 cm

Aquarellfarbe bewegt sich mit dem Wasser, also setzt Sunga Park die Farbe, indem sie das Papier befeuchtet und sie fließen lässt. Sie Farbe hat einen scharfkantigen Rand, wo das Papier trocken ist. So kann uns die Künstlerin Details wie die Statuen und Torbögen zeigen.

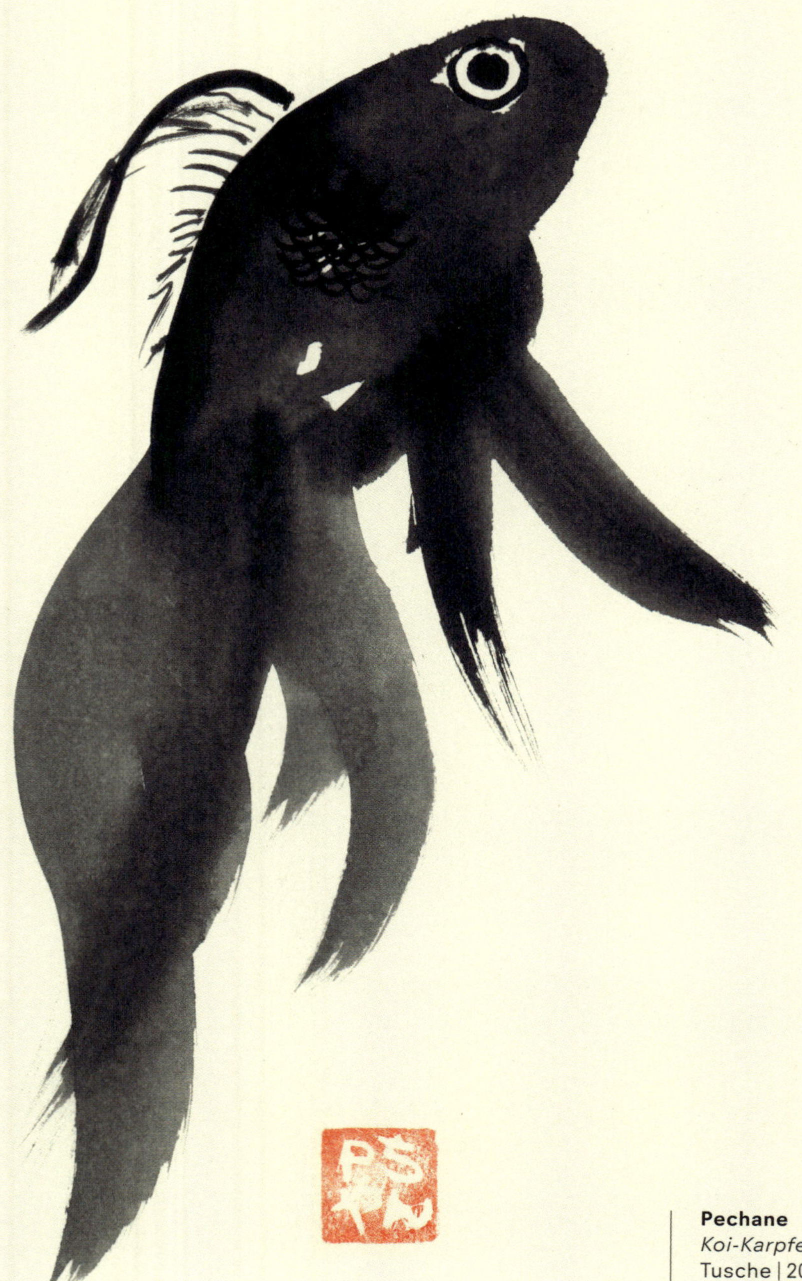

Pechane
Koi-Karpfen
Tusche | 2007
40 x 30 cm

Diese Zeichnung wurde mit wasserlöslicher Tusche angefertigt. Ähnlich wie bei Acrylfarbe lässt sich auch hier die Intensität der Farbe steuern, je nachdem, wie viel Wasser Sie dazu mischen. Je mehr Wasser, desto heller die Farbe.

START

Ein Gefühl für die Farbe entwickeln

Nur eine Handvoll Pinselstriche machen diese scheinbar einfache Studie eines Koi-Karpfens von Pechane aus. Diese ostasiatische Tuschetechnik birgt viele Ähnlichkeiten mit der Kalligrafie, die sich um die Kraft eines einzigen Pinselstrichs dreht.

Nur mit Tusche, Pinsel und Wasser lässt sich eine unglaubliche Vielfalt erreichen. Achten Sie auf die feinen Veränderungen in der Intensität: vom dunklen Schwarz des Körpers bis hin zu den verdünnten helleren Pinselstrichen im Schweif. Wie ein Fisch, der sich im Wasser bewegt.

Hier geht es um Kontrolle: wie hart oder weich Sie bei einem Pinselstrich aufdrücken und wie Sie die Farbmenge auf Ihrem Pinsel steuern. Beides hat großen Einfluss auf den Strich, den Sie hinterlassen. Letztendlich ist es das, worauf ein Großteil der Malerei hinausläuft – die Kontrolle, die man über den Pinsel hat.

Pechane benutzte Tusche, aber wir werden Farbe verwenden. Wählen Sie einen Rundpinsel mit einer guten Spitze und einem breiten »Bauch«. Am besten experimentieren Sie etwas. Es ist wichtig, ein Gefühl für die verschiedenen Konsistenzen der Farbe zu entwickeln.

Bevor Sie die Übung durchführen, machen Sie eine Seite mit verschiedenen Pinselstrichen. Probieren Sie verschiedene Andrücke aus und finden Sie heraus, wie sich der Strich dadurch verändert. Verwenden Sie die Pinselspitze für eine feine Linie und drücken Sie dann stärker, um diese Linie dicker zu machen. Experimentieren Sie auch mit dem Verhältnis von Farbe zu Wasser, um die Farbintensität und den Fluss Ihrer Linie zu variieren. Unverdünnte Farbe wird viel dunkler und klebriger sein, während sie durch die Zugabe von Wasser heller wird und der Pinsel leichter gleitet.

Genießen Sie das Gefühl für die Farbe, wenn Sie sie über die Seite bewegen.

ÜBUNG:

(Ultramarin-Acrylfarbe, Rundpinsel, Wasser)

- **Verwenden Sie nur eine Farbe (hier Ultramarin). Befeuchten Sie Ihren Pinsel ein wenig und streichen Sie dann ein wenig blaue Farbe vom Hauptklecks ab, um eine etwas feuchtere Farbpfütze zu erhalten. Wenn Sie eine gute Konsistenz haben (deshalb haben wir experimentiert), drehen Sie den Pinsel, um eine scharfe Spitze zu erhalten.**
- **Zeichnen Sie einen Apfel mit Farbe. Es muss nicht exakt sein, glatte, flüssige Linien sind wichtig.**
- **Füllen die das Innere des Apfels mit breiten, verdünnten Pinselstrichen.**
- **Bringen Sie schließlich Details als dunklere, feinere Linien an, um dem Apfel Form und etwas Charakter zu geben.**

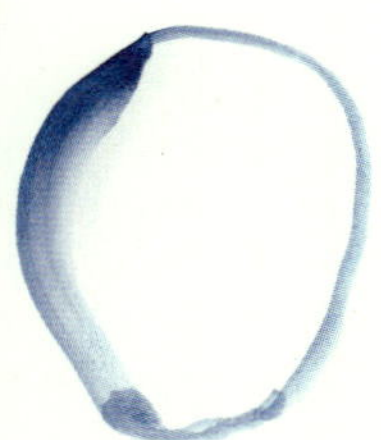
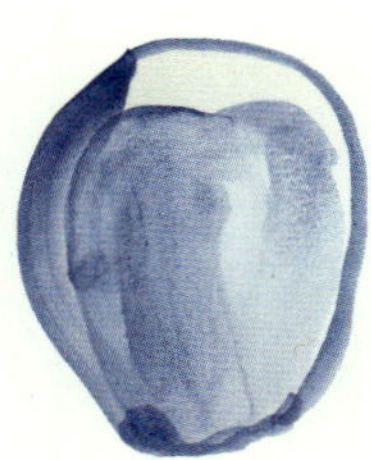
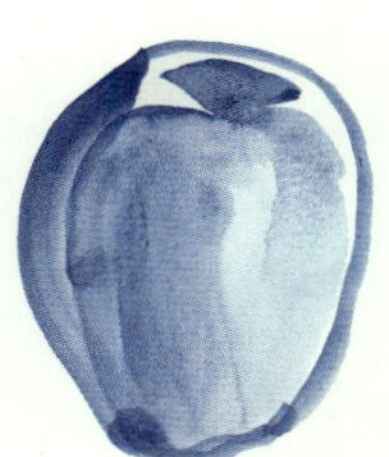
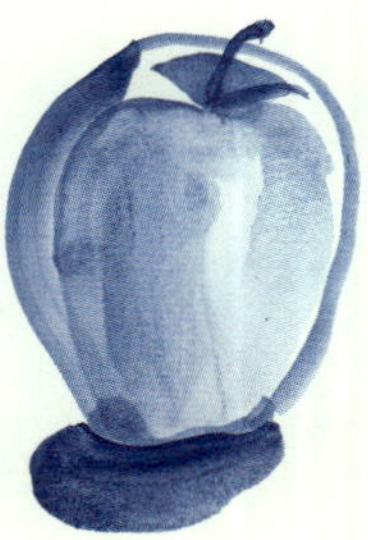

START

Bestimmen Sie Ihre Freiheit

William Turner konnte das Gefühl für einen Ort meisterhaft einfangen, ebenso den Eindruck einer Landschaft, allein mit einer Linie und etwas Farbe.

Turner malte andauernd und füllte Skizzenbücher mit kleinen Aquarellen wie dieses einer einsamen Burg über einem zerklüfteten Abgrund. Er malte diese kleinen Bilder fast wie wir, wenn wir einen Schnappschuss machen. Er kombinierte Bleistift und Farbe, um diese Szenen schnell zu definieren, und fasste sie oft in wenigen Minuten zusammen, bevor das Licht wechselte.

Eine rasche Zeichnung umriss grob das Hauptmotiv wie die Burg und die Felsen. Mit nur drei Farben von seiner Aquarellpalette deckt Turner dann schnell die Seite ab und mischt die Farben dabei auf dem Papier. Gelb und Rot verschmelzen zu dem Orange, das das Schloss in warmes Sonnenlicht taucht, welches schließlich in das sanfte Blau des nebligen Abgrunds übergeht.

Turners meisterhafte Farbmischung fängt Licht und Atmosphäre ein, während das spärliche Detail am Ende wieder mit Bleistift hinzugefügt wird, um die Architektur des Schlosses herauszuarbeiten. Die feine Zeichnung vor und nach dem Malen hilft, dem Gemälde Struktur und Fokus zu geben, und die Details bringen Form in die Szene.

Diese Technik eignet sich ausgezeichnet nicht nur für Landschaften. Wichtig ist, die Farbe zu verdünnen und frei und locker zu malen.

Die Zeichnung kann die lockere, freie Farbe definieren.

ÜBUNG:

(Grafitbleistift, Acrylfarben Ultramarin und Burnt Sienna , Rundpinsel und Wasser)

- **Zeichnen Sie zuerst mit dem Bleistift die Umrisse des Apfels ohne Details. Das ist nur eine Skizze.**
- **Verdünnen Sie Ihre Farbe so weit, dass Sie die Zeichnung darunter sehen können, wenn Sie die Farbe auftragen. Es muss nicht realistisch aussehen. Beginnen Sie mit einem dünnen Wash mit Siena gebrannt, mit etwas dickerer Farbe in den dunkleren Bereichen.**
- **Tragen Sie jetzt ein dünnes, wässriges Wash auf. Verwenden Sie dies für die Schatten, aber malen Sie das Wash auch in den Apfel für etwas mehr Körper und Form.**
- **Wenn es trocken ist, zeichnen Sie mit dem Bleistift Details und vielleicht einige Linien ein, die helfen, die Form des Apfels zu beschreiben.**

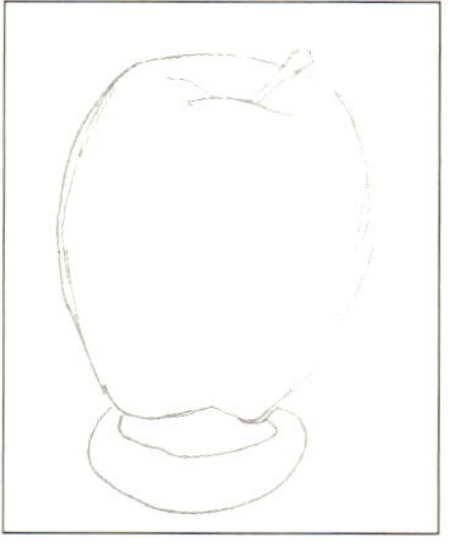

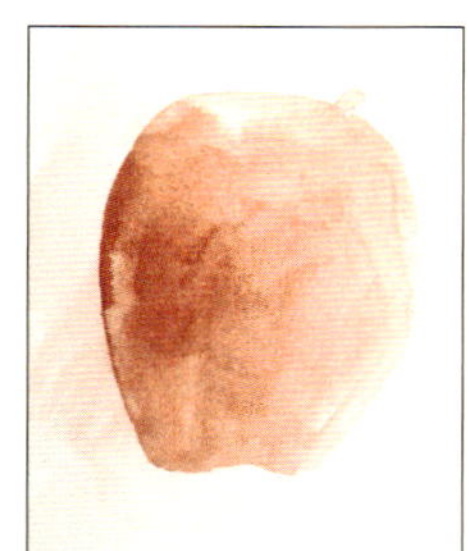

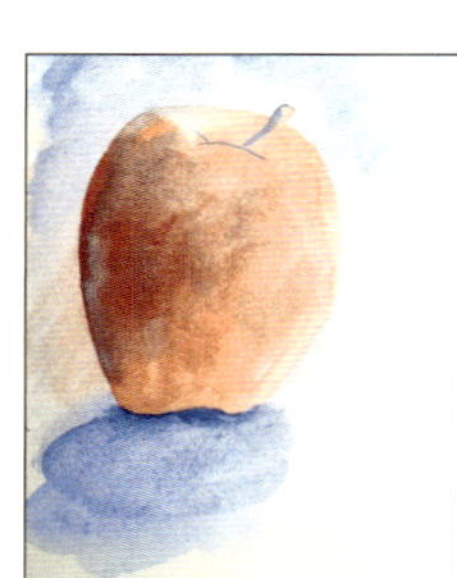

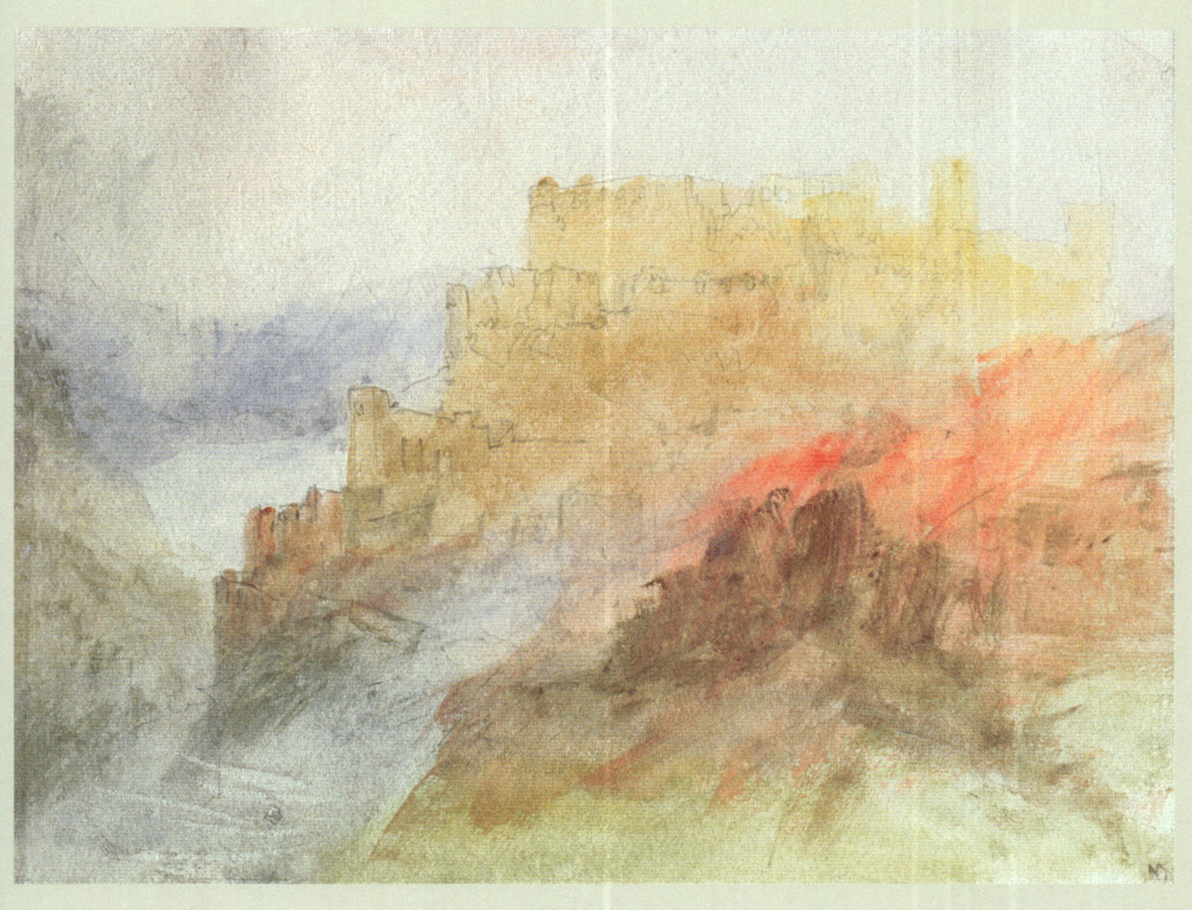

Joseph Mallord William Turner
Ein Schloss über einer Kluft
Aquarell auf Papier | 1841
18,4 x 24,2 cm

Aquarell ist ein hervorragendes Medium für schnelle Skizzen wie diese von Turner. Öl und Acryl können auch verdünnt und als Wash verwendet werden, und Bleistift kann über beides gelegt werden. Anfangs sind Zeichnungen wie diese noch durch die Farbe zu sehen, aber Ölfarbe nimmt den Grafit auf. Dies kann die Zeichnung ausradieren und die Farbe beeinflussen.

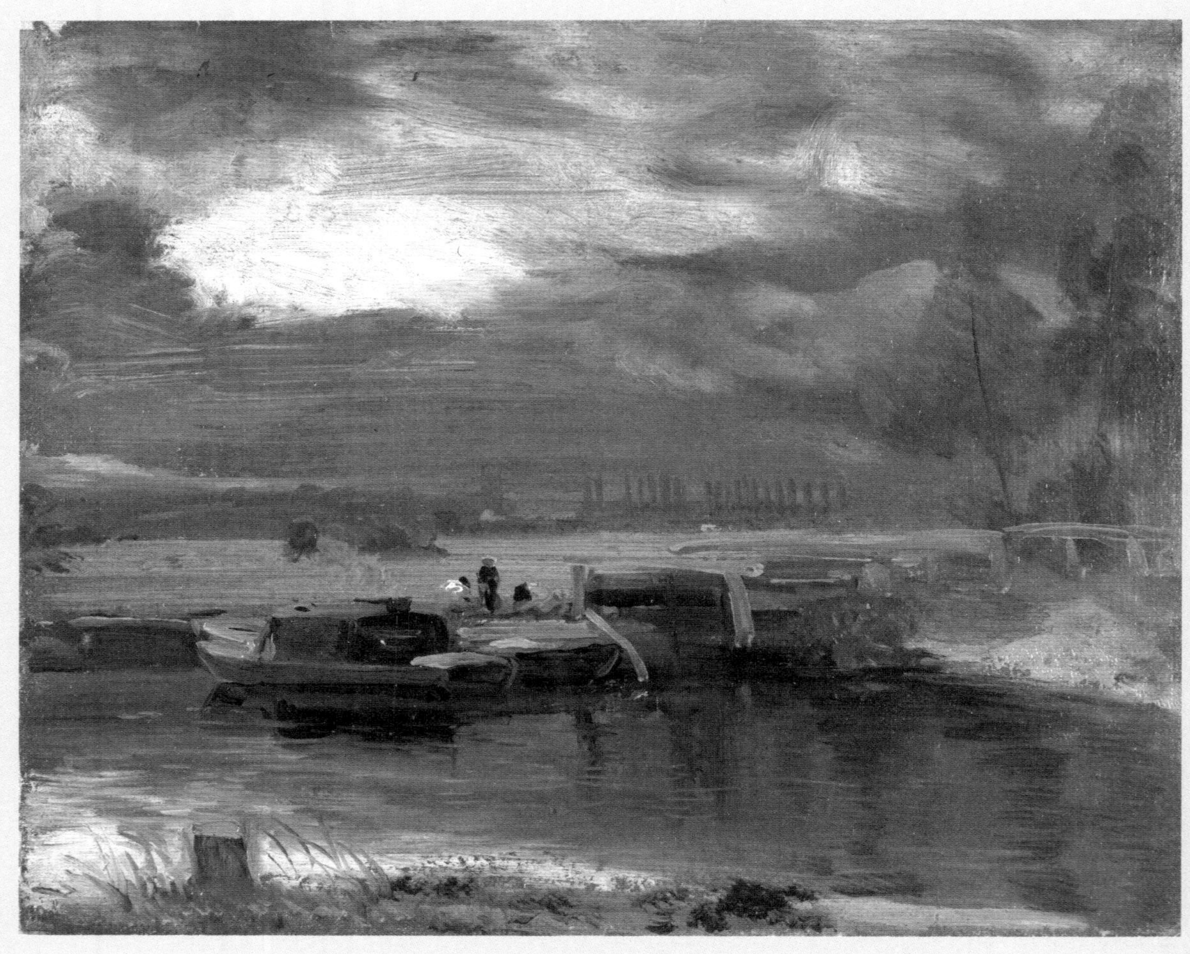

John Constable
Kähne auf dem Stour, in der Ferne die Kirche von Dedham
Öl auf Papier | 1811
26 x 31 cm

Ölfarbe eignet sich hervorragend, um Landschaften im Freien zu malen. Die Farben sind satt und lassen sich gut mischen, weil sie nicht zu schnell trocknen. Sie müssen jedoch vorsichtig sein, wenn Sie Ihr Bild wieder nach Hause bringen.

Klein ist wunderschön

Lastkähne auf dem Fluss: ein einfaches Thema, für John Constable ein fast täglicher Anblick. Er liebte Suffolk – die Landschaft, die Menschen und den Alltag,das alles malte er; nicht glamourös oder künstlerisch, sondern so, wie er es sah.

Dies ist eines von vielen Gemälden Constables von der Landschaft in Suffolk, wobei er draußen direkt in der Natur arbeitete. Constable malte diese Ölskizzen schnell, wodurch sie frisch und direkt wirken; der Himmel ist mit wenigen Pinselstrichen wiedergegeben, selbst die Bäume und Lastkähne sind mit wenigen einfachen Strichen gemalt.

Bei dieser Arbeitsweise hätte eine große Leinwand zu lange gedauert und wäre unpraktisch gewesen, also arbeitete er kleinformatig, nicht größer als ein normaler Schreibblock; und er malte auf Papier, weil es leicht (und günstig) war.

Auch wenn Sie nicht unterwegs sind, haben kleine Bilder Vorteile. Sie machen sich keine zu großen Sorgen, wie Sie was zu tun haben und müssen nicht zu viel Zeit in das Bild investieren – wenn es schiefgeht, fangen Sie einfach ein neues an.

John Constable verbrachte Stunden draußen auf dem Land, um zu malen, um sein Verständnis für die Farbe zu entwickeln und um herauszufinden, wie sich die jeweilige Szene am besten vermitteln lässt. Was auch immer Ihr Motiv ist, es gibt keinen Ersatz für die Zeit, die Sie einfach nur schauen und malen, und die Arbeit im kleinen Rahmen erleichtert es Ihnen, Ihre »Malsprache« zu entwickeln.

Fangen Sie klein an, um im Umgang mit Farbe sicherer zu werden.

ÜBUNG:

(Acrylfarben Ultramarin, Siena gebrannt und Titanweiß, Flachpinsel, Wasser)

Bei dieser Übung geht es darum, mit der Farbe umzugehen, ein Gefühl für ihre Konsistenz zu bekommen und mit Strichführung und Mischen zurechtzukommen. Der Himmel, besonders der graue, wolkenverhangene Himmel, ist ein gutes Thema für den Anfang, da kleine Ungereimtheiten und Details keine Rolle spielen.

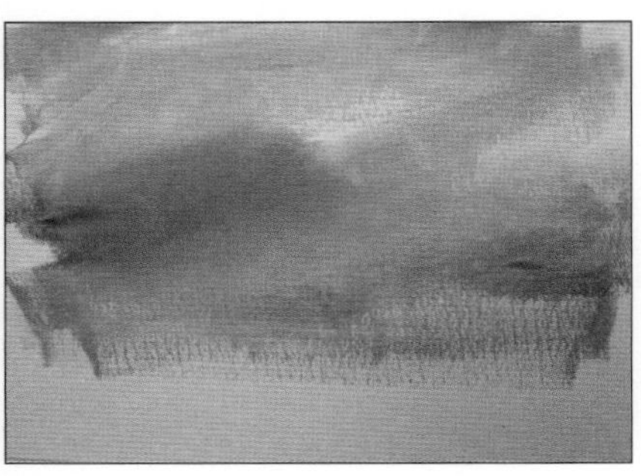

- **Ziehen Sie einen große Klecks Weiß in die Mitte Ihrer Palette und mischen Sie daneben etwas weniger Blau und Siena gebrannt. Fügen Sie dies zu Ihrem Weiß hinzu, um ein Grau zu erhalten. Sie können die Anteile von Ultramarin und Siena gebrannt variieren, um verschiedene Grautöne zu erhalten. Sie brauchen viel mehr Weiß, sonst wird es zu dunkel.**
- **Dieses Papier ist sehr saugfähig, deshalb brauchen Sie dazu Wasser. Jetzt mit schnellen, schwungvollen Strichen Farbe auf das Papier bringen. Halten Sie Ihre Pinselstriche vorwiegend horizontal. Wenn Sie erneut Farbe mit dem Pinsel aufnehmen, ändern Sie die Mischung in Richtung Blau-Grau und Rot-Grau.**
- **Säubern Sie schließlich den Pinsel und mischen Sie reines Weiß dazu.**

Ein weiterer Trick wäre, zuerst eine Fläche Weiß aufzutragen und dann direkt mit Grautönen zu arbeiten.

START

Bitte sparsam

Dieses Gemälde von Harry Stooshinoff ist dem von John Constable sehr ähnlich. Eine unscheinbare Landschaft, direkt aus der Natur gemalt, daher musste Stooshinoff ebenfalls schnell arbeiten und das, was er sah, vereinfachen. Er fängt die wesentlichen Elemente der Landschaft sehr sparsam ein, fast wie malerische Stenografie.

Neben den sparsamen Pinselstrichen beachten Sie bei Stooshinoff auch den ökonomischen Einsatz von Farbe, wie er die gesamte Szene aus einem blauen Himmel bis hin zu einem Flickenteppich aus Schwarz, Weiß und Grautönen arbeitet; selbst das Gras ist fast grau.

Anfangs ist es wichtig, nicht zu kompliziert zu arbeiten. Das gilt insbesondere für die Farbe. Aus nur einer Handvoll Farben lässt sich eine ganze Palette mischen. Je weniger Farben Sie auf Ihrer Palette haben, desto einfacher ist es, eine Farbe oder einen Ton neu zu kreieren, die Farbe bleibt frischer und wird nicht durch eingetrocknete Striche ruiniert.

Wenn man anfängt zu malen, lässt man sich leicht von den vielen schönen Farben verführen. So glaubt man schnell, je mehr Farben man auf der Palette hat, desto besser wird das Gemälde. Doch die größten Maler schränken sich bei den verwendeten Farben sehr ein.

Einige wenige Hauptfarben können eine ganze Palette ergeben.

ÜBUNG:

(Acrylfarben Ultramarin und Siena gebrannt, Flachpinsel, Wasser)

Diese Übung zeigt, wie Sie schnell ein Landschaftsbild nur aus Himmel und einer dunklen Silhouette erstellen können. Es wird eine Skyline sein, entweder aus Ihrer Fantasie oder von einem Foto oder diejenige, die Sie vor Ihrem Fenster sehen. Sie können ein Himmelsbild aus der vorherigen Übung verwenden.

- **Mischen Sie auf Ihrer Palette das Ultramarin und das Siena gebrannt. Es sollte schön und dick bleiben.**
- **Streichen Sie mit dem Flachpinsel auf dem Papier vom unteren Rand nach oben, um einen massiven schwarzen Block zu bilden, der dann in den Himmel mit Bäumen oder Dachspitzen aufbricht. Wenn Sie mit dem Pinsel gerade tupfen, können Sie den Effekt von Bäumen erzielen, mit einer Ecke erzeugen Sie Flecken oder Punkte. Der Pinsel muss dabei immer gut mit Farbe getränkt sein.**

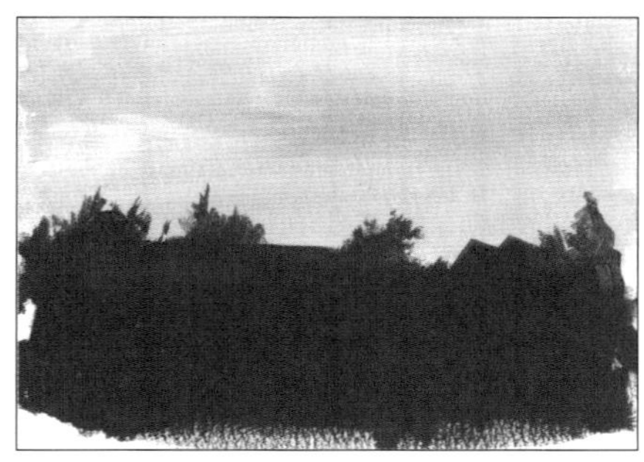

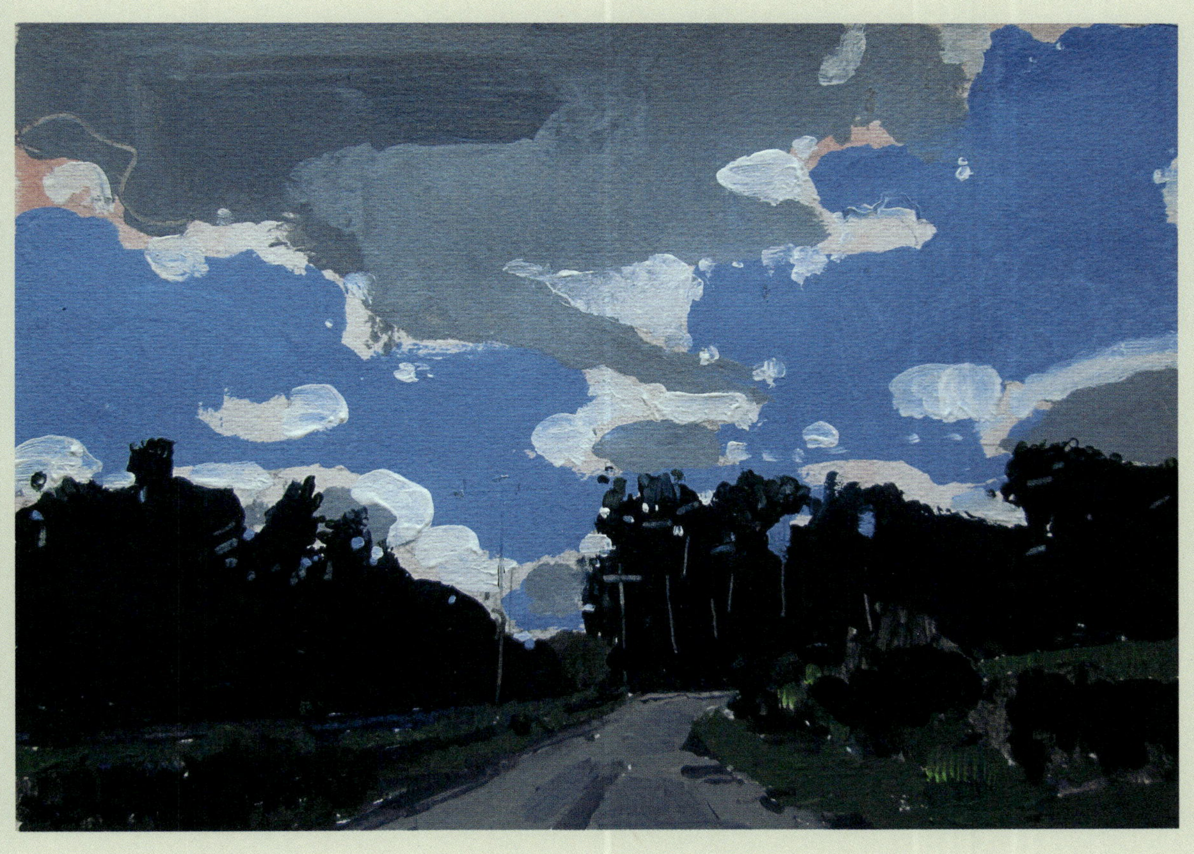

Harry Stooshinoff
Rückkehr
Acryl auf Papier | 2017
24,5 x 34,3 cm

Acryl trocknet schneller als Öl; das macht das Mischen schwieriger, doch es ist einfacher, Schichten aufzubauen oder auf einer trockenen Schicht zu arbeiten. Das erkennen Sie hier an der dunklen Silhouette der Baumgrenze.

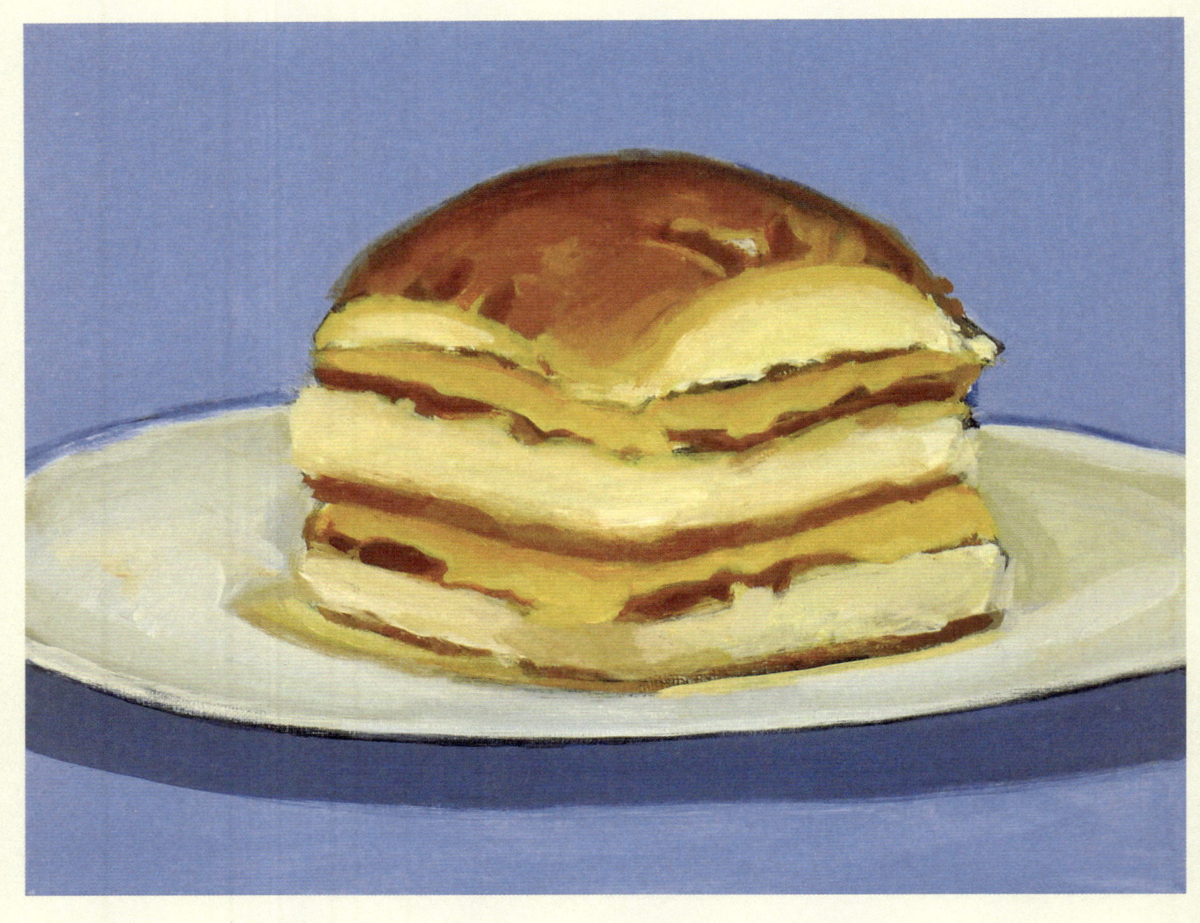

Walter Robinson
White Castle Double
Acryl auf Papier | 2013
35,5 x 45,7 cm

Acryl ist vielleicht nicht ganz so satt wie Ölfarbe, aber es eignet sich hervorragend für helle, kräftige Farben. Diese können für sehr auffällige Gemälde sorgen, weshalb es bei den Pop Art-Künstlern der 60er-Jahre so beliebt war. Hier gibt Robinson diesem Sandwich einen massiven Block aus leuchtendem Blau als Hintergrund. Nicht realistisch, aber es lässt sein Sandwich wirklich hervorstechen.

START

Direkt vor Ihnen

Ich komme noch einmal darauf zurück: Wenn Sie mit dem Malen anfangen, halten Sie die Dinge am besten einfach. Das gilt auch für die Wahl des Motivs.

Der amerikanische Maler und Illustrator Walter Robinson ist ein wunderbar direkter Künstler. Seine Gemälde von Alltagsgegenständen sind erfrischend frei von künstlerischer Eitelkeit, und es gelingt ihm, die banalsten Themen in etwas seltsam Fesselndes zu verwandeln.

Dieses Bild eines Sandwiches mit Käse und Pickle könnte auch einfach nur Robinsons Mittagessen sein. Doch als Motiv für ein Gemälde bemerken wir kleine Dinge wie die angenehme Rundung und den Glanz der Krusten.

Durch die Darstellung von Alltagsdingen lässt Robinson uns sie mit neuen Augen sehen und hilft uns zu erkennen, dass selbst die einfachsten Dinge eine immanente Schönheit besitzen.

Alles kann Ihr Motiv sein. Lassen Sie sich von niemandem sagen: »Das malt aber ein echter Künstler nicht.« Echte Künstler malen, was sie wollen, auch wenn es nur das ist, was direkt vor ihnen liegt!

**Denken Sie nicht zu lange nach.
Malen Sie, was Sie sehen.**

TECHNISCHER EXKURS

Grundausrüstung

Mehr dazu finden Sie auf den Seiten 118–125.

Farben	LÖSUNGSMITTEL (reinigen und verdünnen)	TROCKENZEIT (je nach Temperatur)	FARBE (Intensität und Deckkraft)
AQUARELL	Wasser	Sehr schnell 1 Minute	Durchsichtig Trocknet heller Da Aquarellfarbe durchscheinend ist, verwendet man normalerweise kein Weiß – das Papier fungiert als Weiß. Sie können Aquarellfarbe in Tiegeln in einer kleinen Kiste oder in Tuben bekommen; das Material ist dasselbe.
ACRYL	Wasser	Schnell, je nach Stärke 10 Minuten	Deckend Leuchtende Farben Trocknet dunkler
ÖL	Terpentin/Spiritus	Zwei oder drei Tage direkt aus der Tube; schneller, wenn mit Lösungsmittel gemischt.	Deckend Satte, tiefe Farben

Lösungsmittel

Damit verdünnen Sie Ihre Farbe (und reinigen Ihre Pinsel). Wasser wird für Acryl und Aquarellfarben verwendet. Terpentin oder Spiritus wird für Ölfarben verwendet.

Wenn Sie Ihre Ölfarbe mit einem Lösungsmittel wie Terpentin verdünnen, löst sich das Öl in der Farbe. Dadurch wird sie lichtdurchlässiger und trocknet schneller, sie fließt auch leichter. Wenn sie jedoch trocknet, verliert sie ihren Glanz und sieht leicht matt aus.

Leinöl verdünnt die Farbe und macht sie durchscheinend. Es lässt die Farbe auch leichter fließen, ähnlich wie bei einem Lösungsmittel, doch es verlängert die Trocknungszeit erheblich.

Malgrund

PAPIER

Das vielseitigste Material. Es gibt viele verschiedene Arten, aber im Großen und Ganzen sind sie ziemlich glatt. Verwenden Sie dickes Papier von 300 g/m² (140lb) oder mehr, damit es sich nicht bei Nässe wellt. Papier ist perfekt für Aquarellfarben und gut für Acrylfarben mit genügend Wasser, aber Ölfarbe trocknet zu schnell, wenn das Papier nicht mit einer Grundierung vorbereitet wurde.

LEINWAND

Vor allem geeignet für Öl und Acryl, da die Aquarellfarbe nicht eindringen kann. Es ist ein dickes Material mit einer rauen Textur. Der Einfachheit halber können Sie es bereits gespannt und grundiert kaufen, Sie können also gleich losmalen.

Farbpalette für den Einstieg

Es stehen Hunderte von Farben zur Auswahl. Dies ist nur ein Beispiel für eine gute Palette für den Einstieg. Sie können diese Farben mischen, um eine riesige Farbpalette zu erhalten, die den größten Teil Ihres Malbedarfs abdeckt. Wie alles in der Malerei sind Farben und Lacke Geschmackssache, aber dies ist ein guter Ausgangspunkt.

Wenn Sie einen Satz Aquarellfarben kaufen, bekommen Sie kleine Tiegel in einer Schachtel. Sie können die Töpfe in eine bequemere Anordnung bringen. Da sie sehr dunkel erscheinen können, testen Sie die Farbe auf einem kleinen Stück Papier, bevor Sie mit dem Malen beginnen.

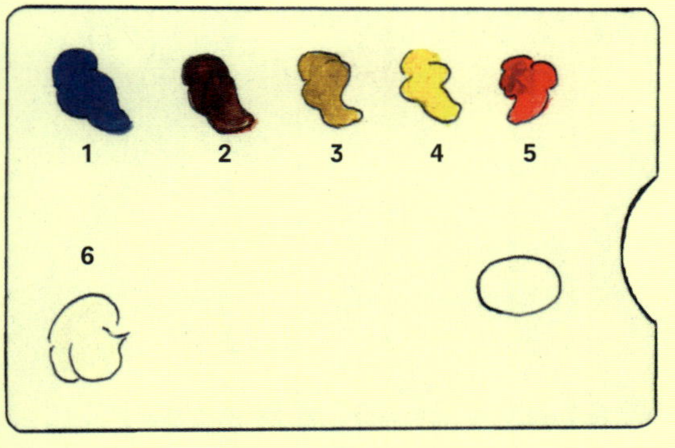

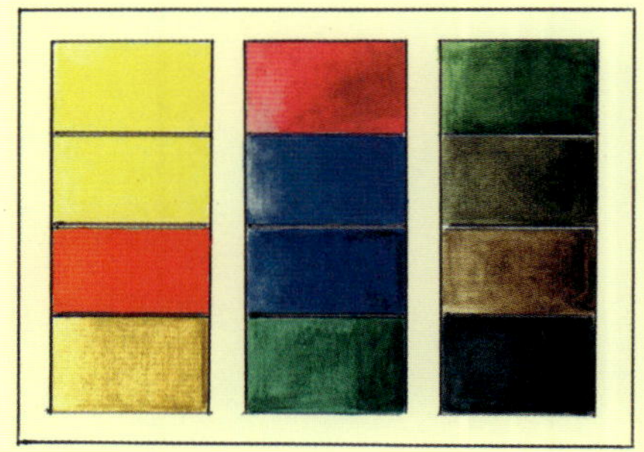

1. Ultramarin / 2. Siena gebrannt / 3. Gelber Ocker / 4. Kadmiumgelb / 5. Kadmiumrot / 6. Titanweiß (nicht für Aquarell)

Papier bis Palette

FARBEN WÄHLEN

Es hängt davon ab, was Sie malen, aber Sie brauchen nicht mehr als sechs Farben auf die Palette zu mischen.

FARBEN MISCHEN

Mischen Sie reichlich, nicht geizig sein. Sorgen Sie für große Farbpfützen auf Ihrer Palette.

Öl/Acryl: Legen Sie es nicht darauf an, genau die richtige Farbe zu bekommen; Sie können sie ändern, wenn sie auf der Leinwand ist.

Aquarell: Mischen Sie Ihre Farben auf der Palette. Bei Aquarellfarben lassen sich Fehler nicht mehr korrigieren, also nehmen Sie sich Zeit und halten Sie etwas Papier bereit, um die Farbe zu testen, bevor Sie mit dem Malen beginnen.

DIE RICHTIGE KONSISTENZ

Öl/Acryl: Das kann bedeuten, dass Sie ein wenig Terpentin (oder Wasser bei Acryl) hinzufügen müssen, um das Fließen der Farbe zu unterstützen.

Aquarell: Achten Sie darauf, dass Sie genügend Farbe auf Ihrem Pinsel haben. Je mehr Farbe, desto intensiver; je mehr Wasser, desto durchscheinender und schwächer die Farbe. Dies alles ist ein Gleichgewicht. Halten Sie immer ein Küchenkrepp bereit, um überschüssiges Wasser loszuwerden.

BRINGEN SIE DIE FARBE AUF DEN MALGRUND

Der Pinsel muss gut mit Farbe getränkt sein.

Öl/Acryl: Doch Vorsicht, bitte keine Kleckse: Entfernen Sie vor dem Malen den Überschuss auf der Palette. Streichen Sie Ihren Pinsel immer wieder ab; er kann leicht klumpig werden, was die Kontrolle erschwert.

Aquarell: Reinigen Sie den Pinsel, bevor Sie eine neue Farbe mischen.

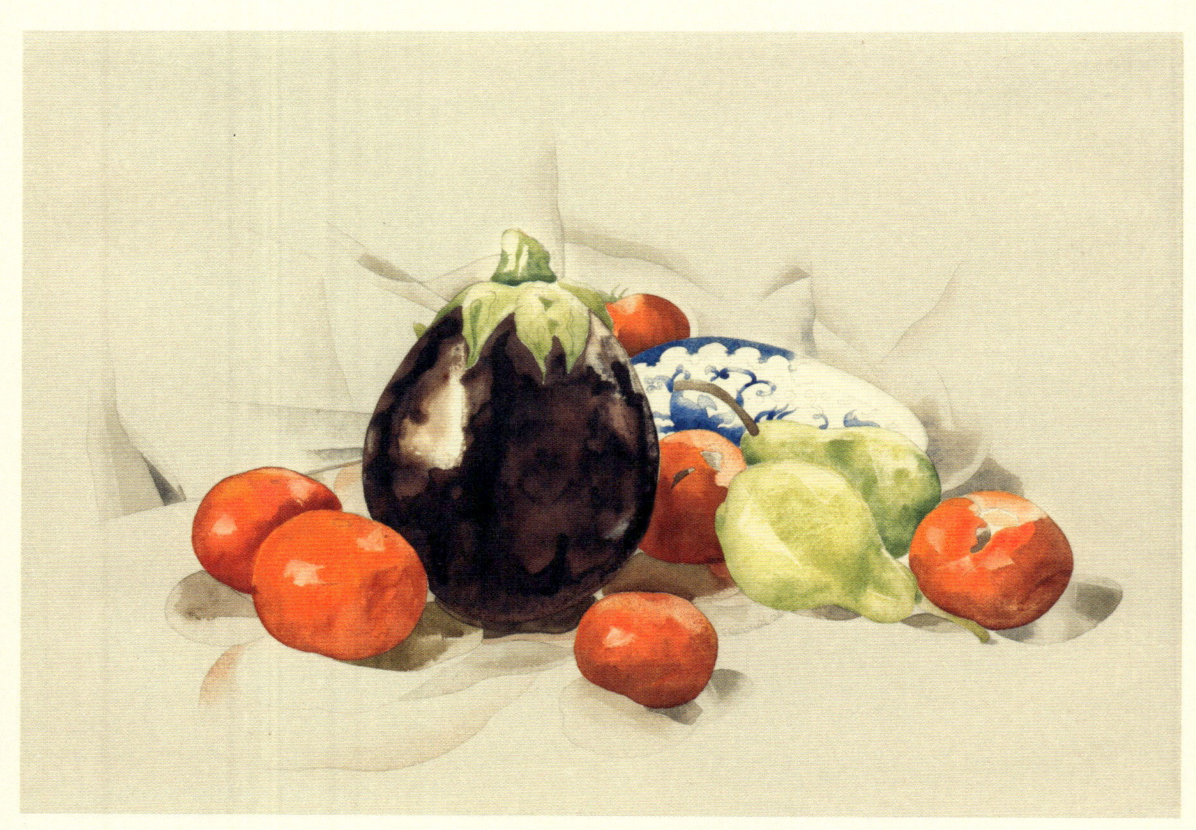

Charles Demuth
Tomatoes and Eggplant
Aquarell auf Papier | 1926
35,8 x 50,9 cm

Prozess

Im ersten Abschnitt dieses Buches geht es darum, Selbstvertrauen im Umgang mit der Farbe zu gewinnen und einige grundlegende Fähigkeiten zu entwickeln. Jetzt werden Sie diese Fähigkeiten nutzen, um ein fertiges Gemälde herzustellen.

Überlegen Sie zunächst, was Sie malen möchten. Dies ist der erste Teil des Prozesses. Vielleicht haben Sie eine klare Vorstellung davon, was Sie malen möchten. Das ist großartig. Doch probieren Sie ruhig verschiedene Themen aus. Charles Demuth malte im Laufe seiner Karriere alles Mögliche, kehrte aber immer wieder auf Obst und Gemüse zurück. Er malte viele Stillleben wie dieses hier, wobei er die bescheidene Thematik mit Gefühl und Sorgfalt einfing, beginnend mit einer kaum sichtbaren Bleistiftzeichnung, auf die er Aquarellschichten aufbaute.

Die Entscheidung, was wie gemalt werden soll, ist Teil des Prozesses. Und wenn Sie zu malen beginnen, denken Sie daran, dass Ihr Bild nicht sofort fertig sein wird, es wird wahrscheinlich die meiste Zeit seltsam aussehen, aber bleiben sie dran. Die letzte Herausforderung ist, zu wissen, wann man aufhören muss. Ich würde Ihnen raten, dass Sie mit dem Malen einen Schritt früher aufhören sollten, als Sie denken. Stellen Sie sich vor, Demuth hätte weiter an diesem Gemälde gearbeitet, dann hätte es seine ganze frische Leuchtkraft verloren.

Ein Gemälde durchläuft verschiedene Stadien. Es können viele oder nur wenige sein. Seien Sie geduldig und geben Sie nicht auf.

Von einer leeren Leinwand oder einem leeren Blatt Papier zu einem fertigen Gemälde zu gelangen, kann schon entmutigend sein, dabei brauchen Sie den Prozess nur in Etappen aufzuteilen. Es gibt verschiedene Methoden, je nach Wahl der Farben und des Motivs.

Der richtige Prozess ist der, der für Sie funktioniert.

Von hinten nach vorn

Es ist wie die erste Szene in einem Thriller auf der großen Leinwand. Unser Auge folgt den Krähen über das Feld im Vordergrund, in der sanften Kurve eines Hügels hinauf zu den Bäumen im letzten Sonnenlicht. Wie die Krähen werden wir zum Horizont gezogen, wo die Stadt Dresden im Halbdunkel sanft verblasst.

Dieses Gemälde verwendet einen einfachen Bildaufbau, indem es mit dem Hintergrund, in diesem Fall dem Himmel, beginnt und sich vorwärts in den Vordergrund, die Felder, bewegt und dann mit den Details endet.

Stellen Sie es sich vor wie die Kulissen im Theater, die einander überlappen und nach vorn aufgebaut sind. Dafür ist dieses Gemälde ein utes Beispiel, denn Friedrich teilt die Leinwand in drei Bereiche: den Himmel, die neblig blaue Stadt Dresden und den dunklen Hang mit dem gepflügten Feld. Das ist die Struktur, darüber malt er dann die Details: die Bäume und die Krähen.

Das funktioniert gut bei Landschaften, wobei Sie nicht so arbeiten müssen. Aber ein Gemälde funktioniert oft am besten, wenn es in Ebenen gemalt wurde, mit den letzten winzigen Feinheiten direkt am Ende. Es ist viel schwieriger, am Hintergrund zu arbeiten, wenn man einmal den Vordergrund gemalt hat. Stellen Sie sich nur vor, wie Caspar David Friedrich versucht, den Sonnenuntergang im Bild unterzubringen, nachdem er die Bäume gemalt hat.

Beginnen Sie mit dem Hintergrund und arbeiten Sie sich dann in den Vordergrund. Heben Sie die Details bis zum Ende auf.

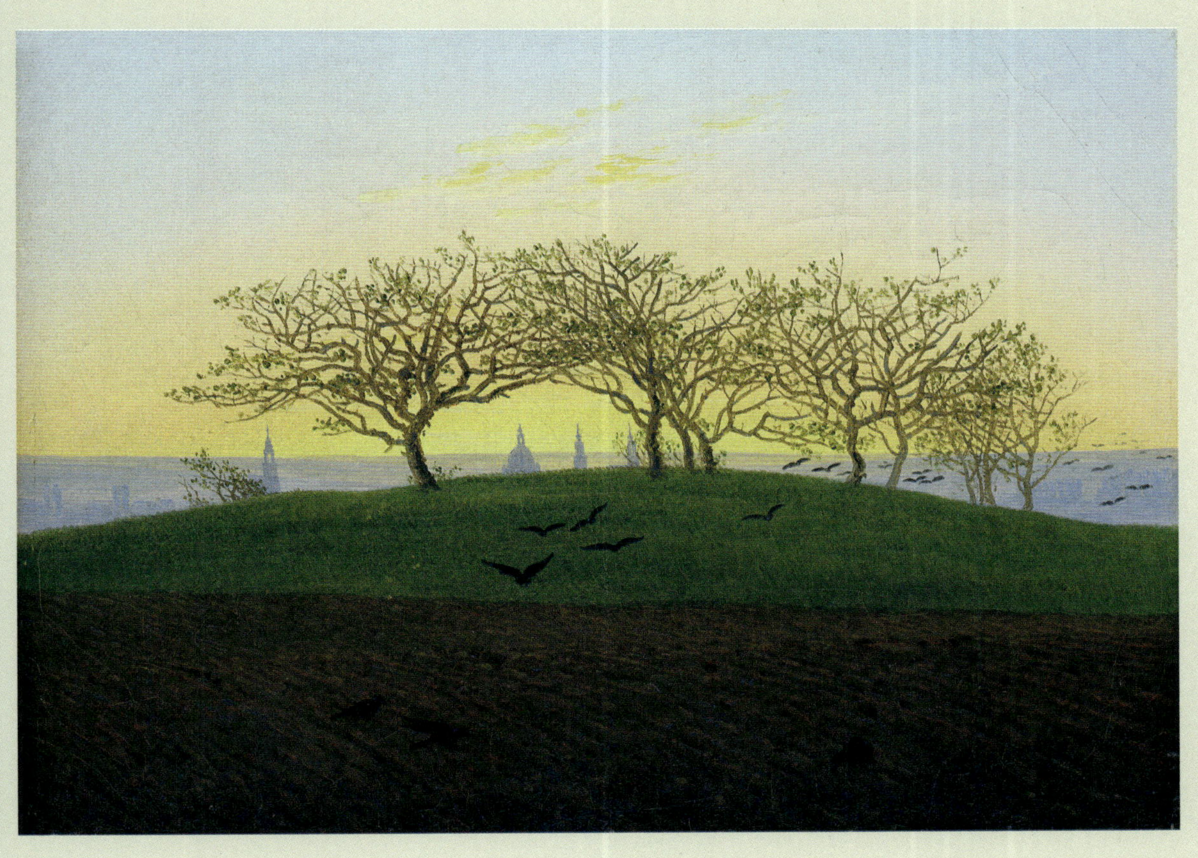

Caspar David Friedrich
Hügel mit Bruchacker bei Dresden
Öl auf Leinwand | 1810
22,2 x 30,5 cm

Caspar David Friedrich malte dieses Bild in Öl. Er mischte die Farbe auf der Leinwand, um die subtile Abstufung von Blau bis zum goldenen Schimmer über dem Horizont zu schaffen, weil die Farbe so lange feucht bleibt. Wenn man die Bäume auf die nasse Farbe des Himmels malt, hellt sie die Äste auf.

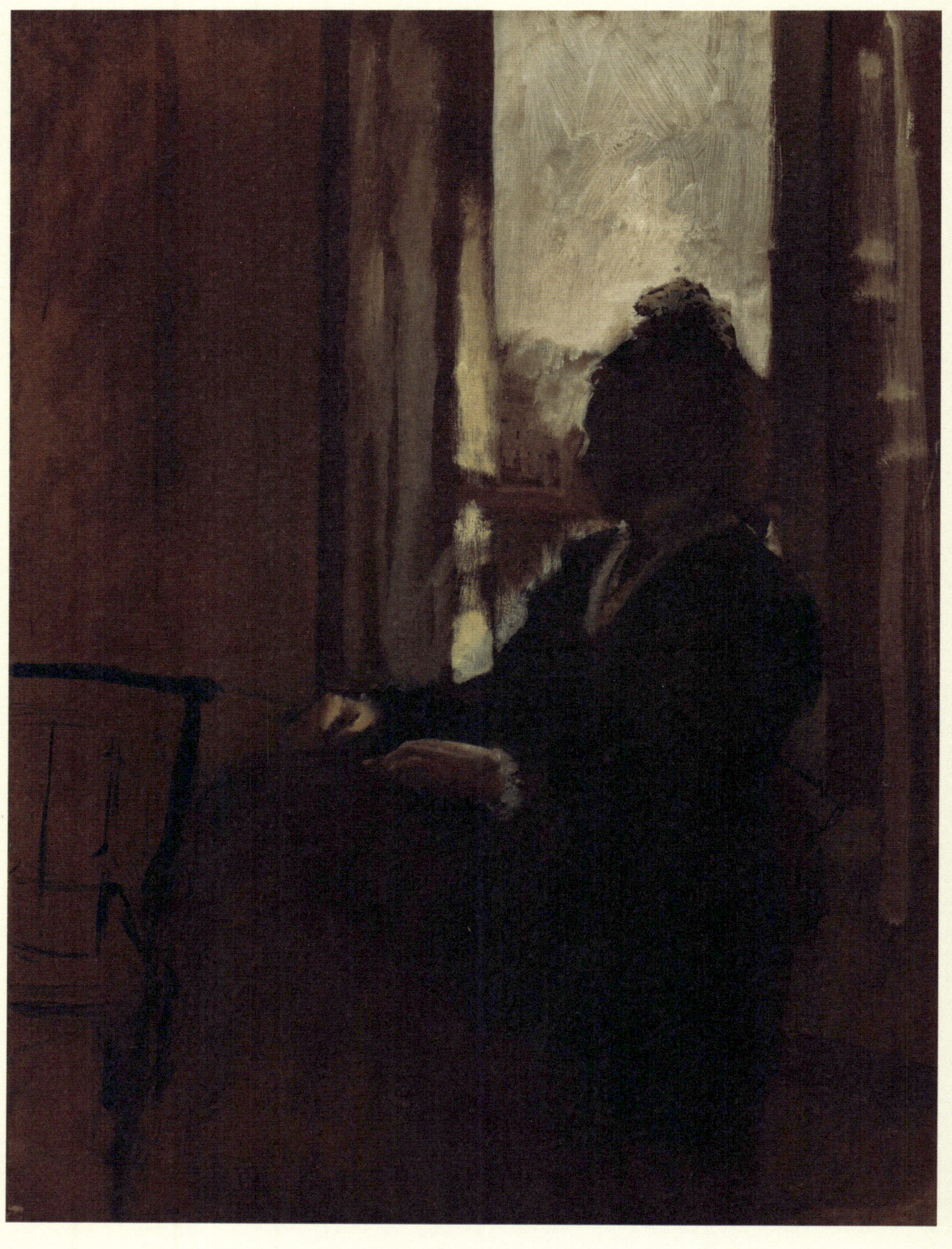

Reduzieren

Auf diesem Gemälde sehen wir eine Frau, die ruhig vor einem hohen Fenster sitzt, das milchige Licht fängt ihre Hände ein, während sie geduldig auf ihrem Schoß ruhen. Edgar Degas fängt diesen intimen Moment ein, indem er sein Gemälde besonders einfach und effizient anlegt.

Das Licht aus dem Fenster zeigt die Silhouette der Frau und löscht alle Details und Formen aus, indem es sie in eine Form wie in einen Scherenschnitt verwandelt. Ihre auffallende Präsenz entsteht durch die winzigen Lichtakzente, die Degas betont.

Eine Möglichkeit, den Malprozess etwas einfacher zu gestalten, besteht darin, auf eine farbige statt auf eine weiße Fläche zu malen. Dadurch erhält bekommen Sie einen Mittelton, auf dem sich schnell ein Bild mit nur dunklen und hellen Farben aufbauen lässt.

Degas musste nicht mit einer Zeichnung beginnen. In diesem Gemälde geht es nicht um Linien und Details, sondern darum, ein Gefühl für die Figur und ihre Umgebung zu erzeugen, indem man einfach die Blöcke und Bereiche mit dunklen Schatten und hellen Lichtern malt.

Kneifen Sie die Augen zusammen und sehen Sie das Motiv als einfache Formen von Hell und Dunkel.

So können Sie schnell ein erkennbares Bild aufbauen und die Hauptstrukturen und -formen erfassen, während Sie sich von den Details fernhalten. Sie brauchen keine Silhouette Ihres Motivs zu zeichnen, aber das Einblenden von Licht und Dunkelheit, bevor Sie etwas anderes tun, ist eine gute Grundlage für ein Gemälde.

Arbeiten Sie Licht und Dunkel heraus, um Ihr Gemälde zu schaffen.

Edgar Degas
Frau an einem Fenster
Öl auf Karton | 1872
61,3 x 45,9 cm

Der farbige Hintergrund funktioniert nur mit Öl und Acryl (und Gouache), da diese Farbmittel undurchsichtig sind. Degas verdünnt seine Ölfarbe mit Terpentin, weshalb man die Pinselstriche sehen kann. Das bedeutet auch, dass die Farbe viel schneller trocknet.

PROZESS

Aufgliedern, um zusammenzusetzen

John Sell Cotmans Aquarell der Gretabrücke fängt einen Moment kontemplativer Ruhe ein. Es besteht aus einer Anordnung einfacher Farbflächen, fast wie ein Mosaik, oder aus Bleiglasfenstern. Das stille Flusswasser leuchtet, ohne dass auch nur eine Welle die klaren Reflexionen stört. Die Bäume und Hügel sind genau so dargestellt wie die Felsen und Spiegelungen im Fluss, jedes Element fügt sich wie ein perfektes Puzzle zusammen und bildet die ganze Szene.

Dies unterscheidet sich deutlich von Turners bewegtem Aquarell des Schlosses, in dem die Szene aus einem Farbnebel auftaucht. Cotmans Malerei entstand langsam und überlegt, der Prozess ist weniger instinktiv als bei Turner und vielmehr eine durchdachte Vorbereitung. Und er begann wohl damit, sich reichlich Zeit zum Beobachten zu nehmen.

Bei dieser Technik sollten Sie Ihr Thema als das Erschaffen separater Formen aus Farbe betrachten. Cotman zerlegt die Landschaft vor seinem geistigen Auge, bevor er sie auf dem Papier zusammensetzt, wobei er die Komposition zunächst mit Bleistift zeichnet. Jedes einzelne Element, Schatten, Reflexion und Lichter sind wie ein abstraktes Muster leicht abgegrenzt. Das hätte wahrscheinlich ähnlich wie Malen-nach-Zahlen ausgesehen.

Cotman füllte dann diese Bleistiftkonturen mit einer einzigen Grundierung aus, jede Farbe gemischt und fertig auf seiner Palette, so dass er nichts mehr ändern musste, sobald sie auf dem Papier war. Der Aufbau dieses Gemäldes ist mühsam und zeitaufwendig, da die Farbe auf jedem Abschnitt trocknen muss, um scharfe Ränder zu erhalten. Man braucht unbedingt eine ruhige Hand.

Schauen Sie Ihr Motiv zu Beginn nur genau an. Nehmen Sie sich Zeit und stürzen Sie sich nicht in das Bild. Probieren Sie wie Cotman, Ihr Motiv in abstrakte Formen zu zerlegen. Sie werden zu einer erkennbaren Szene verschmelzen, wenn sie alle wieder zusammengesetzt sind. Heutzutage kann die Arbeit mit einem Foto dabei helfen, da es die Szene für Sie flacher und einfacher macht, aber verlassen Sie sich nicht darauf.

Nehmen Sie sich Zeit, Ihr Gemälde zu planen.

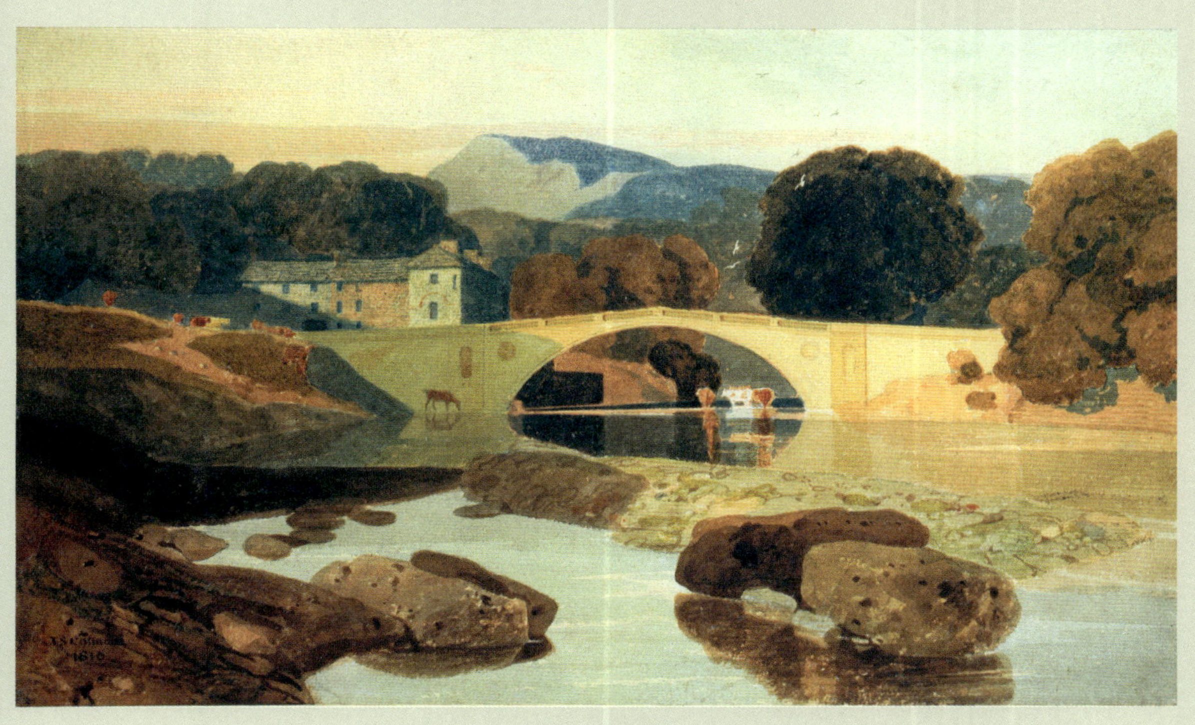

John Sell Cotman
Die Gretabrücke
Aquarell auf Papier | 1810
30 x 50,1 cm

Cotmans schöne Leuchtkraft rührt daher, dass er die Farbe in einzelnen Schichten aufträgt, wodurch das Weiß des Papiers durchscheinen kann. Cotman hält die Ränder scharf und klar, indem er entweder neben einer bereits trockenen Fläche malt oder eine haarfeine Lücke zwischen den Farbflächen lässt.

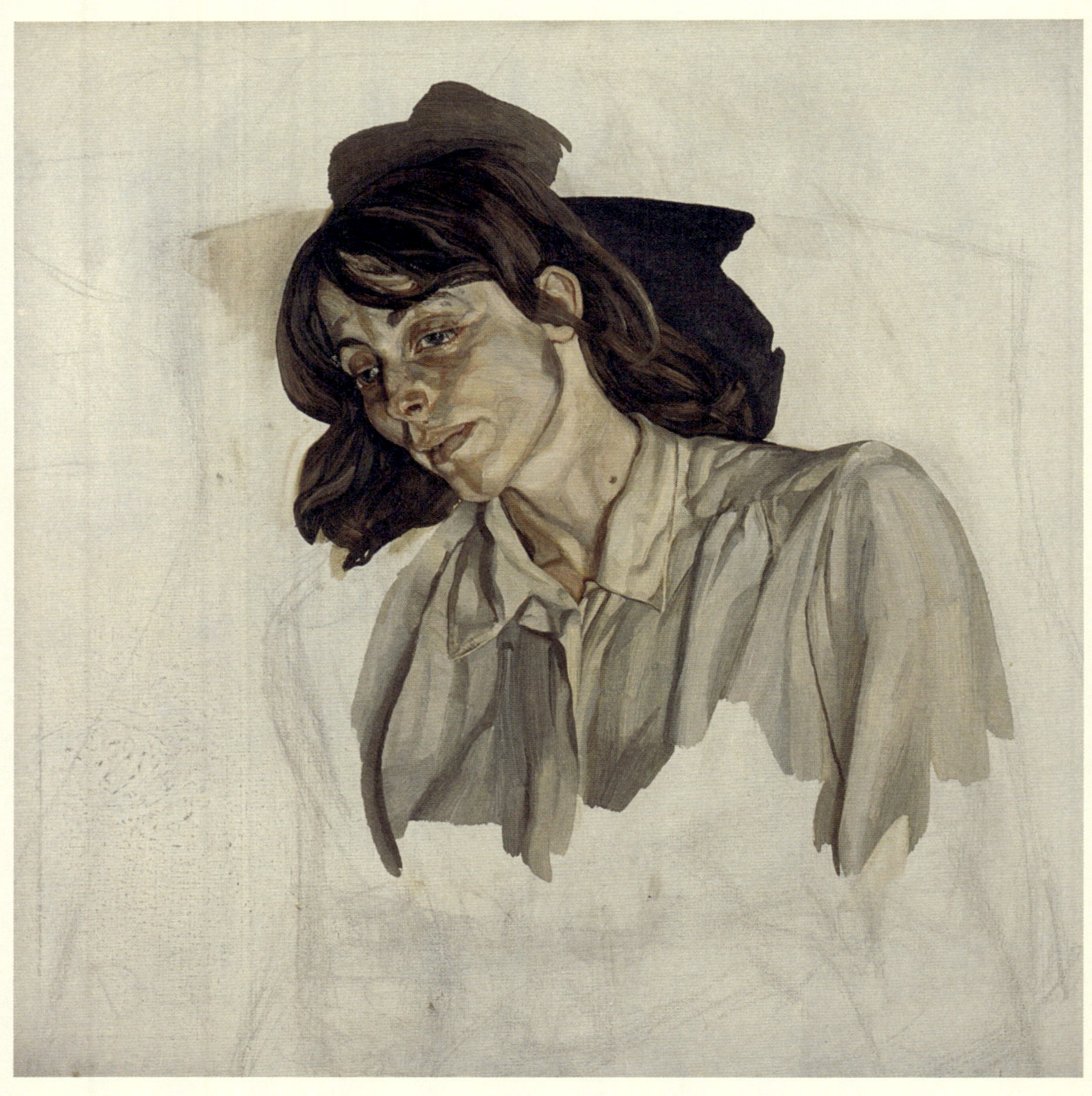

Lucian Freud
Last Portrait
Öl auf Leinwand | 1976
61 x 61 cm

Lucian Freud trägt die Ölfarbe in dicken Schwüngen und Flächen mit einem harten Borstenpinsel auf. Die rauen, robusten Borsten eignen sich hervorragend für Ölfarbe, und Freud lässt die Pinselstriche sichtbar. Somit kann er seine Modelle fühlbar darstellen. Ölfarbe ist dafür hervorragend geeignet, denn ihre schwere Konsistenz hat eine gute Dichte, sodass sie dick aufgetragen werden kann.

Leicht und locker beginnen

Auf den ersten Blick könnte man meinen, dass es sich bei diesem Bild einfach um eine Frau handelt, die sich in ihren Sessel zurücklehnt. Doch bei genauerem Hinsehen bemerken Sie die Steifheit in der Pose, die merkwürdige Kopfhaltung, und Sie stellen fest, dass diese Frau überhaupt nicht entspannt, sondern krank ist. *Last Portrait* – das letzte Portät – war leider genau das.

Freud malte Menschen, aber er war nicht der richtige Künstler, wenn Sie ein hübsches Familienporträt haben wollten. Er konnte reale Personen einfangen, und oft war das, was er sah, ziemlich brutal. Freud malte seine Modelle mit kühler Distanz. Die Körper und Gesichter waren geradezu spürbar, und die Farbe gab ihnen eine solche Masse und Präsenz, dass man das Gefühl hat, sie seien eher aus Ton modelliert als gemalt.

Freud arbeitete live, die Personen saßen ihm Modell. Dieses unvollendete Gemälde gibt uns einen Hinweis darauf, wie er seine Bilder zusammensetzte. Sein erster Schritt besteht darin, mit Bleistift eine grobe Umrisslinie direkt auf die Leinwand zu zeichnen. In diesen Hilfslinien entwickelt Freud das Gemälde.

Der Künstler scheint hier in einem Zug zu arbeiten. Statt Schichten aufzubauen, malt er sofort bis zur fertigen Ebene, wobei er methodisch von oben nach unten arbeitet. Das ist schwieriger, als es scheint, denn so entstehen leicht unerwünschte Variationen beim Mischen der Hautfarben (oder der anderen Farben im Bild), was zu einem uneinheitlichen Erscheinungsbild führen kann.

Am einfachsten lässt sich dies vermeiden, wenn Sie einen Grundton mischen und sicherstellen, dass Sie eine große Menge davon auf Ihrer Palette haben. In diesem Gemälde könnte es ein butteriges Beige gewesen sein, das Freud dann abdunkelte und aufhellte oder mit Rot- oder Blautönen ergänzte.

Bevor Sie mit dem Malen beginnen, ist es ratsam, die Umrisse Ihres Motivs mit Bleistift zu skizzieren: wohin die wichtigsten Bereiche gehören. Versuchen Sie nicht, jedes Detail zu zeichnen, das können Sie dann mit der Farbe erledigen.

Ein leichter Umriss vermittelt Ihnen ein grobes Ziel, sodass Sie besser mit Farbe arbeiten können.

Farbtechniken

Ein wichtiger Teil des Malens ist, sich damit auseinanderzusetzen, was man mit verschiedenen Farben machen und welche Wirkungen man mit verschiedenen Techniken erzielen kann. Verschiedene Farben haben unterschiedliche Eigenschaften, und diese wirken sich darauf aus, wie Sie sie verwenden. Wie immer beim Malen ist es gut, mit diesen Farben herumzuspielen, um ein Gefühl für sie zu bekommen.

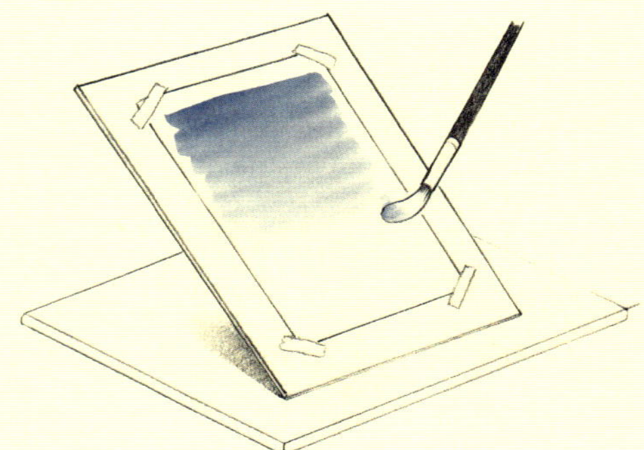

Wash-Farben

ÖL/ACRYL

Dies ist mit Wasser bzw. Terpentin verdünnte Farbe, gut als Grundierung, denn sie trocknet schnell.

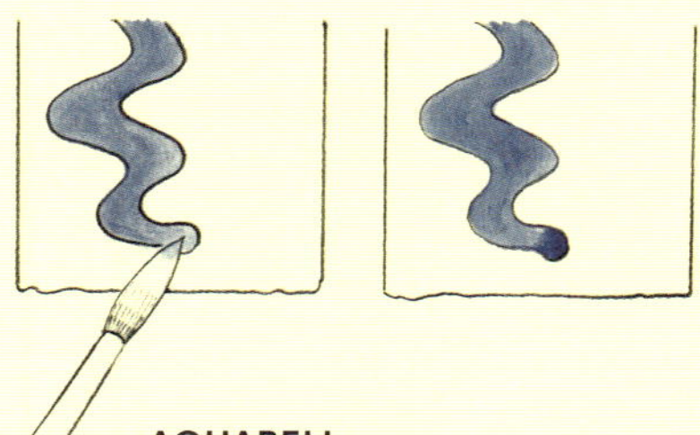

AQUARELL

Benutzen Sie einen Ständer, um das Aquarellpapier leicht anzukippen, sodass der Wassertropfen unten sitzt, wenn Sie den Pinsel abwärts bewegen. Mit einem feuchten, sauberen Pinsel sammeln Sie überschüssiges Pigment am Ende des Pinselstrichs ein.

Aquarell – einfarbig

Aquarell – Verlauf

Einfarbige Fläche

ÖL/ACRYL

Farbe kann auf der Palette gemischt und dann auf die Leinwand gemalt werden. Leichte Abweichungen beim Malen können auf der Leinwand nachgemischt werden.

Alla Prima/ Nass-in-Nass-Technik

Das Mischen kann auf der Leinwand erfolgen.

ÖL/ACRYL

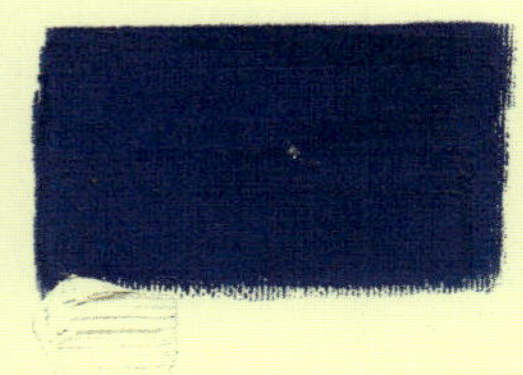

1. Um von Dunkelblau zu Hellblau zu gelangen, beginnen Sie oben mit Dunkelblau und malen Sie bis zum Hälfte des Bildes.
2. Reinigen Sie den Pinsel und beladen Sie ihn mit viel Weiß. Malen Sie direkt unter dem Blau.
3. Arbeiten Sie dann mit weichen vorsichtigen Strichen das Weiß in das Dunkelblau, dabei vermischt sich die Farbe. Arbeiten Sie mit glatten, sanften Strichen.

AQUARELL

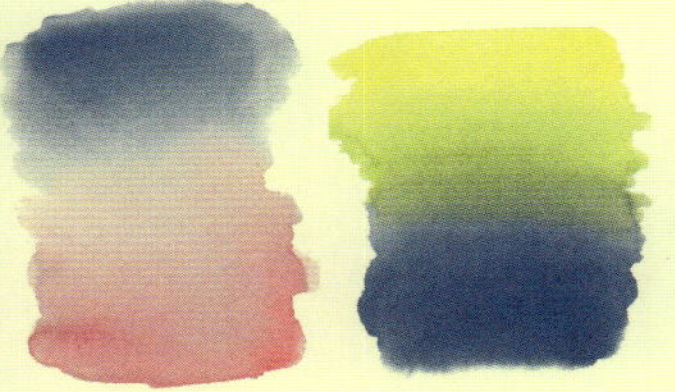

Gemischter Wash

Zerstreuter Wash

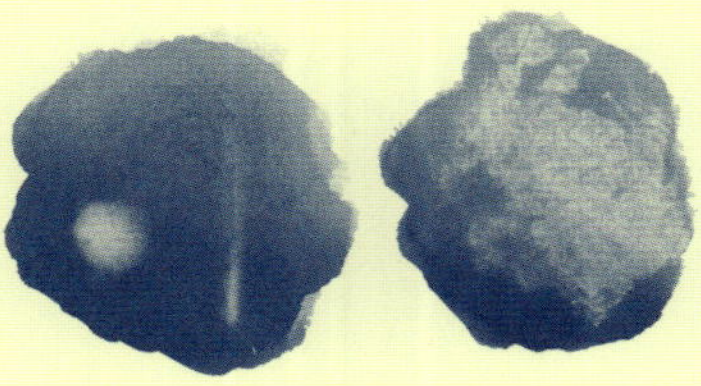

Aufnahme mit einem Tuch (Links).

Aufnahme mit einem feuchten Pinsel (rechts)

Trockener Pinsel

AQUARELL

Das funktioniert nur bei grob strukturiertem Papier. Tränken Sie Ihren Pinsel mit Farbe, aber trocknen Sie ihn gründlich mit einem Küchenkrepp. Dadurch wird zwar das gesamte Wasser entfernt, aber das Pigment bleibt zurück. Pinseln Sie es auf das Papier. Die halbtrockene Farbe bleibt auf der Oberfläche des Papiers haften, doch die Struktur bleibt unberührt. So bauen Sie mit Farbschichten einen Struktureffekt auf.

ÖL/ACRYL

Dies funktioniert am besten auf Leinwand. Ich stelle mir das ein bisschen wie eine Trockenglasur vor. Man zieht eine Farbe über die Oberfläche einer anderen, wobei nur wenig von der Farbe haften bleibt, so dass man die Farbe darunter sehen kann. Machen Sie Ihren Pinsel nicht nass und überladen Sie ihn nicht. Es ist eine Technik, mit der man wunderbare Struktureffekte erzielen kann.

Lasur/Glasur

Lasuren und Glasuren sind dünne, durchscheinende Farbschichten über einer trockenen Unterschicht.

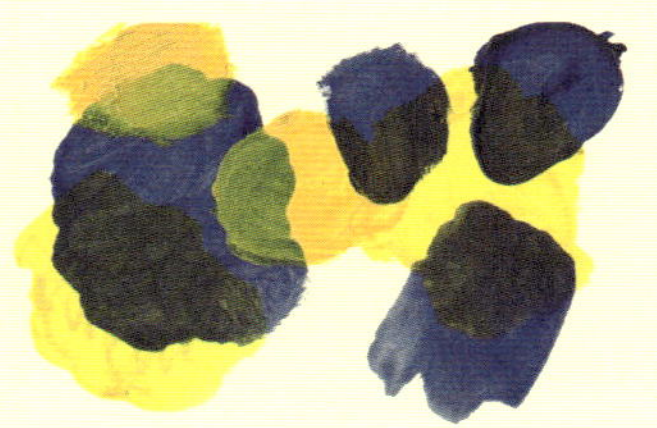

ÖL

Traditionell wird Leinöl zum Glasieren von Ölgemälden eingesetzt (auch andere Öle). Die Farbschicht sollte trocken sein, bevor Sie Öl auftragen. Die (traditionelle) Regel lautet also: dickere, öligere Schichten über dünnere, weniger ölige auftragen.

ACRYL

Bei Acryl ist es ähnlich wie bei Öl, nur dass Sie sich um die Trocknungszeiten keine Sorgen machen müssen. So wird die Untermalung durch eine wässrige Farbschicht viel deutlicher sichtbar. Wenn Sie eine dunkle Untermalung haben, benötigen Sie einige Schichten unverdünnter Acrylfarbe, wenn Sie diese vollständig abdecken wollen. Verdünnte Glasuren von Blaugrau (mit Öl und Acryl) können ein Gefühl von Distanz erzeugen.

AQUARELL

Bei Aquarellfarben spricht man normalerweise von Wash (aber machen Sie sich keine allzu großen Sorgen über die Terminologie). Aquarelle, vor allem detailliertere, werden mit Wash-Schichten hergestellt. Beginnen Sie beim Aquarell mit den helleren Farben als erster Farbschichten oder Wash. Da sie von Natur aus lichtdurchlässig sind, werden sich die Farben mit jeder Ebene verändern. Wie in diesem Beispiel ergibt das Blau über dem Gelb ein Grün.

Unterbrochene Pinselstriche

Unterbrochene Pinselstriche werden normalerweise mit der Pinselspitze getupft. Mit Öl ergibt das eine Struktur. Diese Technik wurde von den Pointillisten zu vielen Einzelpunkten verfeinert und im Impressionismus eingesetzt. Sie können klar definierte Farben verwenden oder Farben miteinander mischen. Sie können sogar mit den Fingern arbeiten.

ÖL/ACRYL

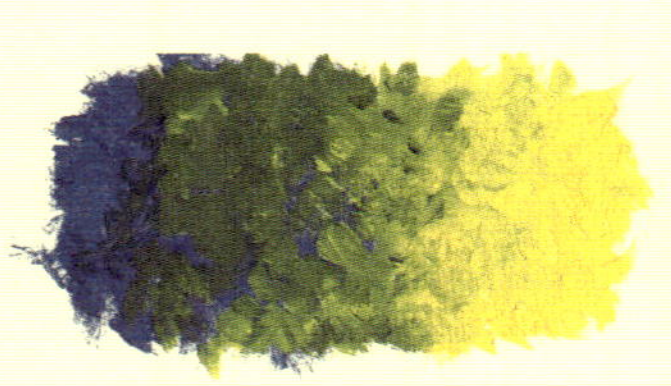

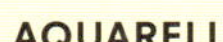

AQUARELL

TUPFEN MIT SCHWAMM

Schraffur und Kreuzschraffur

Das Schraffieren und Kreuzschraffieren mit Farbe ist genau wie beim Zeichnen. Es handelt sich um eine Reihe von dünnen parallelen Linien. Ähnlich wie beim Tupfen sollte die erste Farbe trocken sein, bevor Sie darübermalen. Tragen Sie weitere Schichten auf, wie Sie möchten.

ÖL/ACRYL **AQUARELL**

Kratztechnik

Das geht mit allem, was spitz ist, ich schärfe oft das Ende meines Pinselstiels. Kratzen Sie einfach in die Oberfläche der Farbe. Bei Öl und Acryl wird dadurch das, was darunter liegt, die Untermalung oder die weiße Leinwand freigelegt, es funktioniert besser mit einer dickeren Farbschicht. Da die Farbe bei Aquarell ins Papier eindringt, entsteht durch das Kratzen ein kleiner Graben im Papier, in den das Pigment einsinkt, und es entsteht eine dunklere Linie.

ÖL/ACRYL **AQUARELL**

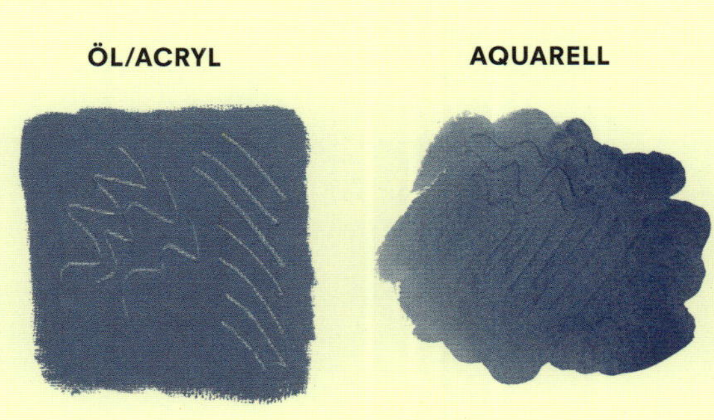

Schnippen und Spritzen

Laden Sie Ihren Pinsel mit reichlich Farbe (leicht verdünnt), drücken Sie die Borsten des Pinsels zusammen, um sie auszubreiten. Streichen Sie mit der anderen Hand darüber. Es ist schwierig, den Spritzer zu kontrollieren, daher ist es eine gute Idee, alle Bereiche, die nicht bespritzt werden sollen, mit einem Blatt Papier abzudecken.

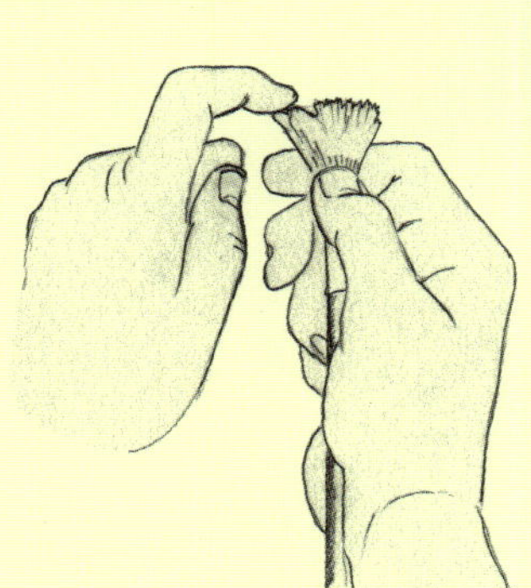

ÖL/ACRYL **AQUARELL**

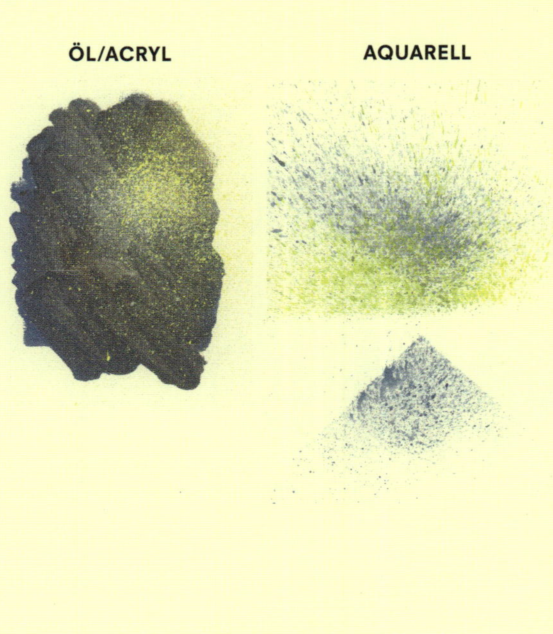

Mit der Zeichnung beginnen

Das Werk von Edward Hopper fängt die Angst und Einsamkeit unter der geschäftigen Oberfläche des Stadtlebens ein. *Morning Sun* zeigt uns eine Frau allein in einem kahlen Schlafzimmer. Sie sitzt auf dem Bett, die Knie angezogen und mit den Armen umschlungen. Während sie aus dem offenen Fenster starrt, scheint zwar die Sonne herein, aber verbreitet keine Wärme.

Hoppers geschickte Komposition betont das Gefühl von Stille und Isolation. Das kalte Licht an der Wand hinter der Figur betont die Leere des Raumes; das geöffnete Fenster zeigt die Außenwelt, aber sie scheint unerreichbar. Dieses Gemälde wurde schrittweise aufgebaut; Hopper entwarf die Pose und die exakte Positionierung in mehreren Skizzen.

Die beiden Zeichnungen demonstrieren diesen wichtigen Teil von Hoppers Arbeitsweise. Noch vor dieser Kohlezeichnung fertigte Hopper kleine, sehr grobe Miniaturskizzen an, die ihm helfen sollten, die Komposition herauszufinden; diese verfeinert Hopper dann in dieser Kohlezeichnung – ein Bild mit klaren Umrissen und einer Komposition ziemlich genau, wie wir sie im endgültigen Gemälde sehen.

Die Figur wurde von einem Modell gezeichnet, die letzte vorbereitende Zeichnung von Hopper ist mit seinen Notizen und Anmerkungen versehen, die ihm bei der Zusammenstellung des Ganzen helfen sollen – ein weiterer faszinierender Blick hinter die Kulissen, um das A und O des Prozesses eines Künstlers zu erkennen.

Mit einer Zeichnung können Sie die Schlüsselelemente Ihres Gemäldes bestimmen. Zeichnen Sie kleine Kästchen, in denen Sie Ihre Komposition locker ausarbeiten. Von diesen Miniaturskizzen können Sie eine größere, feinere Zeichnung anfertigen. In der letzten Zeichnung, bevor Sie mit dem Malen beginnen, sollten sich die Elemente an Ort und Stelle befinden und die Umrisse klarer sein. Aber denken Sie daran, dass es immer Spielraum gibt, Dinge in Ihrem Gemälde zu verändern; selbst mit einer sorgfältig ausgearbeiteten Zeichnung ist nie völlig fixiert.

Planen Sie Ihr Gemälde mit einer Zeichnung – oder mit vielen.

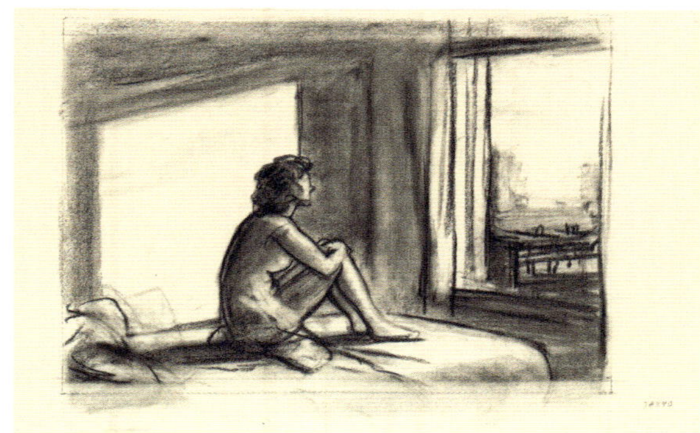

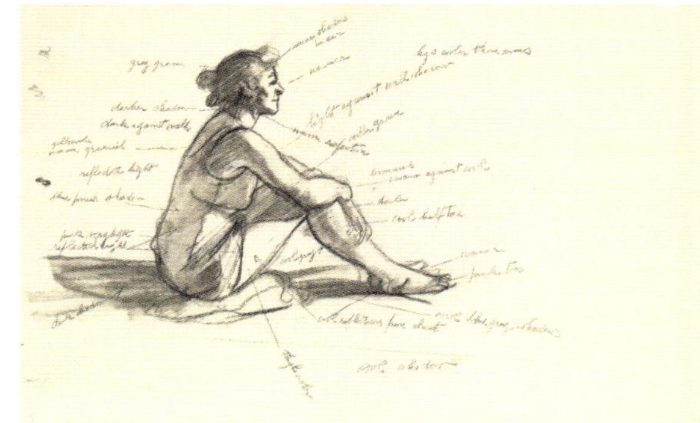

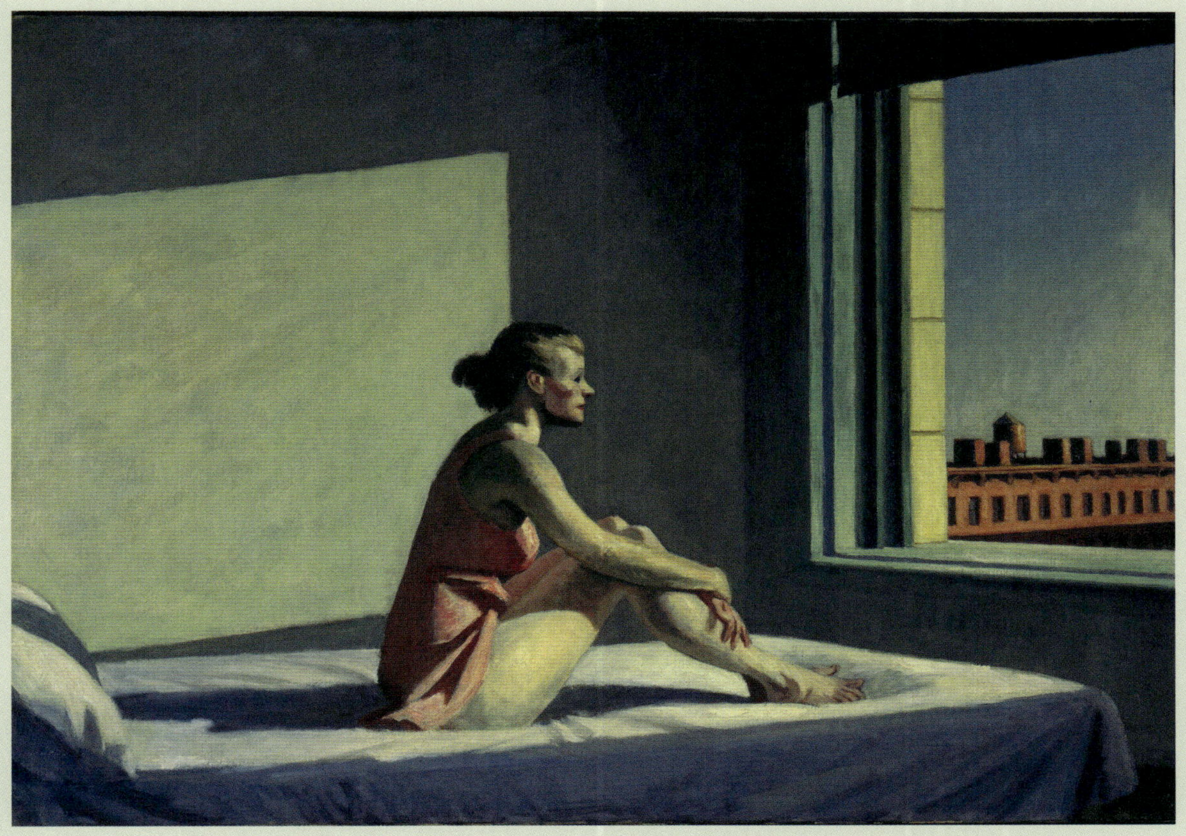

Edward Hopper
Morning Sun
Öl auf Leinwand | 1952
101,9 x 71,5 cm
Skizzen | Bleistift auf Papier

Edward Hopper arbeitet in Öl. Die Deckkraft der Ölfarbe bedeutet, dass man die Unterzeichnung verdeckt, sodass sie im endgültigen Werk nicht mehr sichtbar ist. Aquarellfarbe ist transparent, so dass jede Unterzeichnung sichtbar bleibt. Acryl ist deckend wie Öl, deckt aber nicht so stark, sodass einige Farbschichten erforderlich sind, um die Unterzeichnung abzudecken.

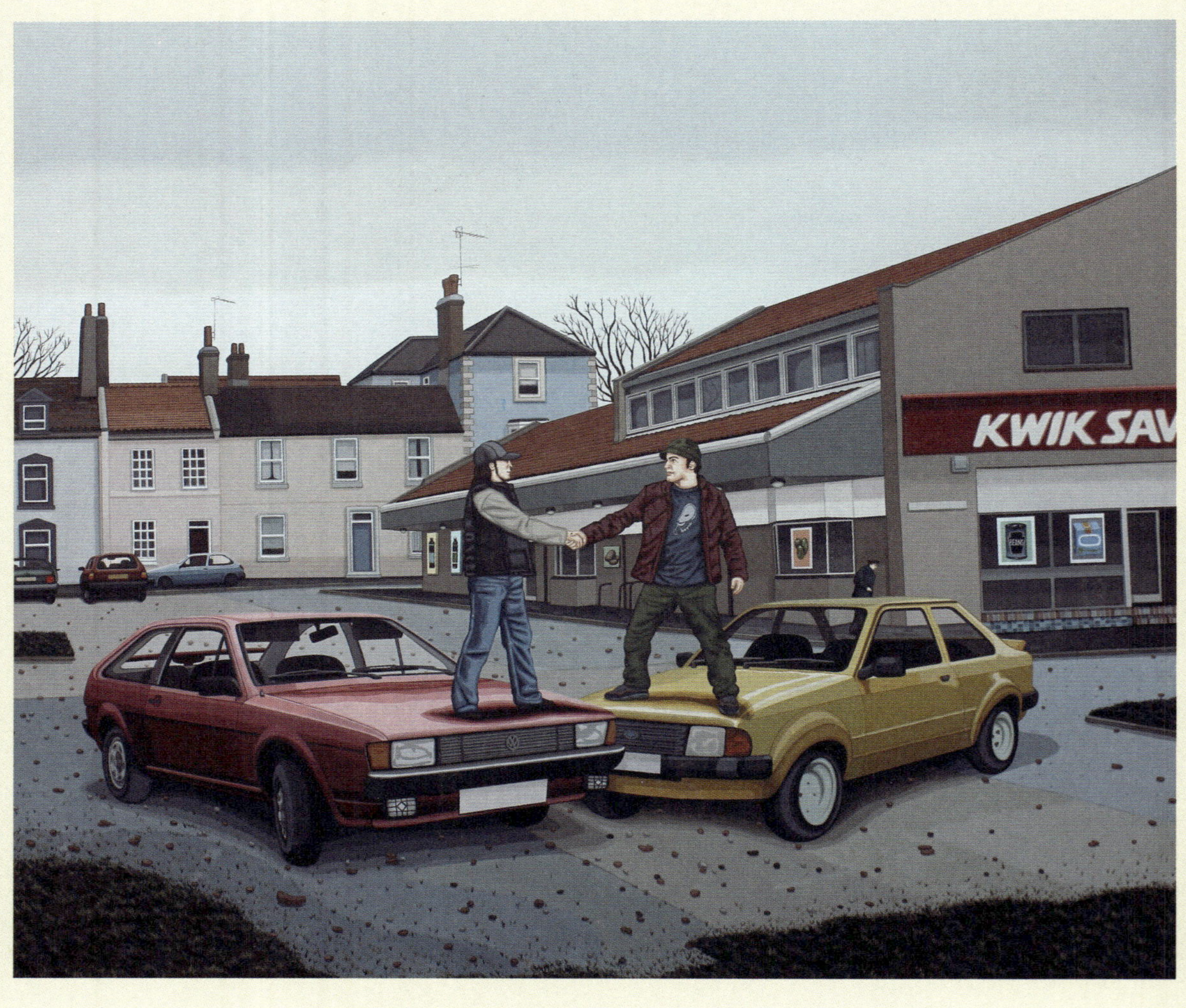

Geraint Evans
Racing in the Streets
Acryl auf Pappe | 2003
90 x 106 cm

Geraint Evans verwendet Acrylfarbe. Dies hilft ihm, seine sehr präzisen Details zu malen, da sie schneller trocknet und somit die Kanten leichter zu definieren sind. Die Acrylfarben sind etwas flauer als Ölfarben, was dem Gemälde eine grafische, fast comicartige Anmutung verleiht.

Zusammensetzen

Zwei Möchtegern-Rennfahrer schütteln sich ziemlich melodramatisch die Hände auf den Motorhauben ihrer Autos, die nicht ganz so rassig sind, wie sie glauben. Diese bizarre Macho-Geste scheint sich auf dem Parkplatz eines örtlichen Kwik Save in einer unscheinbaren Vorstadt zu entfalten. Diese Szene hat es nie wirklich gegeben, aber wenn man sich Geraint Evans' wunderschön detailliertes Gemälde ansieht, könnte man das leicht glauben.

Evans beobachtet die Macken und kleinen Schwächen der Vorstadtmenschen sehr genau; die Sehnsüchte und Eigenarten, die im Alltag vorherrschen. Er kombiniert diese Beobachtungen mit allem anderen, was er gelesen oder gesehen hat, zu aufschlussreichen, oft humorvollen Gemälden.

Wie setzt er diese Beobachtungen und Ideen in ein Gemälde um? Zunächst fertigt er eine Zeichnung mit Tusche und Wash an, um zu sehen, ob die Idee als Gemälde funktioniert. Danach zerlegt er die Komposition in ihre Einzelteile und fotografiert sie alle einzeln. In diesem Fall die Autos, der Supermarkt und er würde Freunde in der Pose von Rennfahrern benutzen. Diese Fotografien sind nun seine visuelle Referenz, die er zu einem Ganzen zusammenfügt.

Sie werden auf die Arbeitsfläche projiziert und sorgfältig nachgezeichnet. Dieser Patchwork-Prozess ist der Grund dafür, dass die Evans' Realität leicht irreal aussieht. Alles ist sorgfältig abgegrenzt, das Licht ist perfekt einheitlich, dass es fast aussieht, als hätte ein Hobbymaler diese Welt aus kleinen Modellen geschaffen. Und genau so will es Evans auch haben.

Sie können dazu jedes Material verwenden. Evans macht seine eigenen Fotos, die er montiert, aber Sie können Ihre eigenen Zeichnungen oder Fotos oder Bilder aus Büchern oder Zeitschriften oder Screenshots verwenden. Oder Kombinationen aus all diesen Materialien. Bauen Sie eine Bibliothek von Bildern auf. Das ist genau das, was große Künstler tun.

Nutzen Sie einfach alles als Grundlage für ein Gemälde.

TECHNISCHER EXKURS

Das Gemälde bauen

Gemälde können auf viele verschiedene Arten und Weisen konstruiert werden – lassen Sie es in Ruhe, sobald Sie das Gefühl haben, es ist fertig.

Grundskizze

Sie können mehrere Skizzen anfertigen, bevor Sie mit dem Gemälde beginnen. Wenn Sie eine Komposition geplant haben, möchten Sie diese vielleicht zuerst auf Papier zeichnen und dann auf Ihren Malgrund übertragen. Ein guter Weg ist die Rasterung.

Wenn Sie dieselbe Größe wünschen, sind die Quadrate gleich groß. Wenn Sie eine Vergrößerung wünschen, müssen Sie nur die Quadrate auf dem Papier größer machen. Halten Sie diese Linien sehr dünn. Alternativ können Sie ein Bild auch nachzeichnen.

Sie können natürlich auch direkt auf Ihren Malgrund zeichnen. Die raue Oberfläche der Leinwand kann Details jedoch etwas schwieriger machen. Es ist kaum möglich, Ihre Skizze auf der Leinwand zu radieren. Und schließlich, egal welchen Malgrund Sie verwenden, zu viel Grafit auf der Oberfläche beeinträchtigt auf jeden Fall die Farbe. Am besten halten Sie die Skizze hell und ohne zu viele Details.

Hier einige Übungen, um Ihre Komposition mit Acryl-, Aquarell- und Ölfarben aufzubauen.

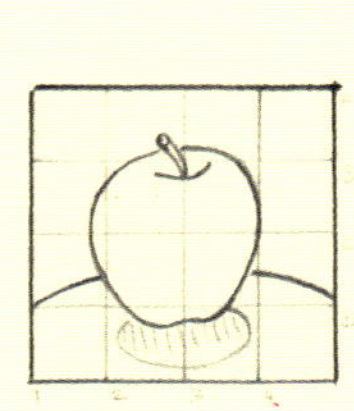

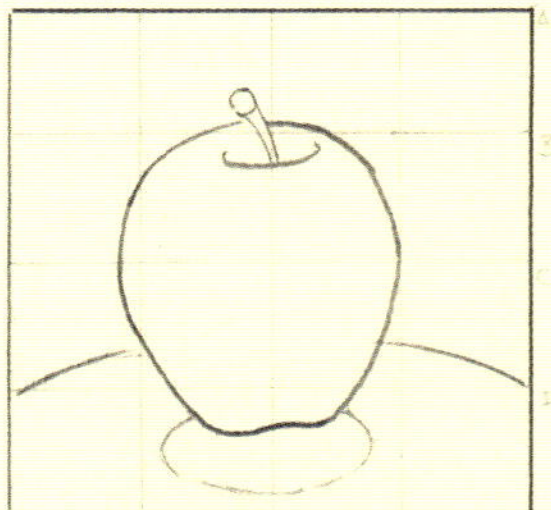

Wash-Farben

Bei Aquarellfarben arbeitet man in der Regel von hell nach dunkel. Beginnen Sie mit helleren Farben und arbeiten Sie sich zu den dunkleren vor. Doch Vorsicht, denn Fehler lassen sich bei Aquarellfarben schlecht korrigieren.

Fineliner und Wash

AQUARELL UND PERMANENTMARKER AUF 350 G/M² AQUARELLPAPIER (GLATT)

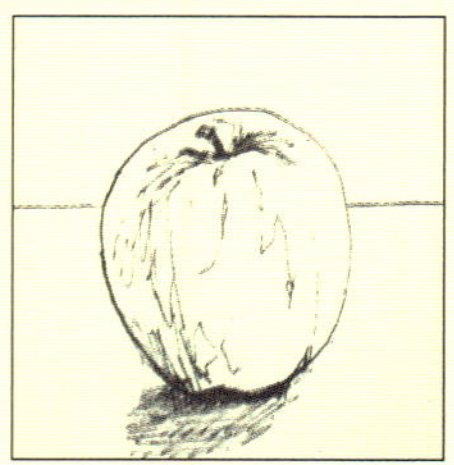

1. TUSCHEZEICHNUNG

Zeichnen Sie Ihr Motiv. Alles, was Sie zeichnen, ist zu sehen, also fügen Sie ein paar Details ein.

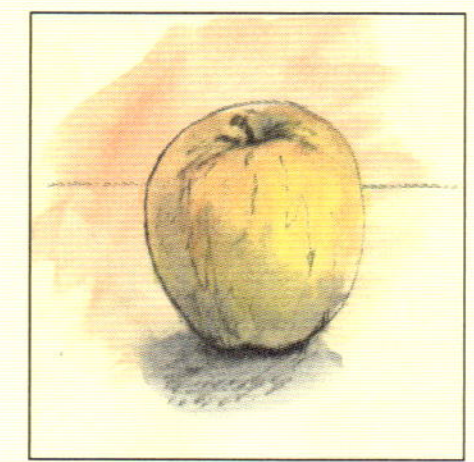

2. WASH

Dies muss nicht nur eine Farbe sein. Ich habe Rot, Blau und Gelb verwendet und sie auf dem Papier ineinanderfließen lassen. Wash muss dünn sein, und erwarten Sie keine exakten Ergebnisse. Solche Gemälde sind meist eher schnell und spontan.

AQUARELL AUF 350 G/M² AQUARELLPAPIER

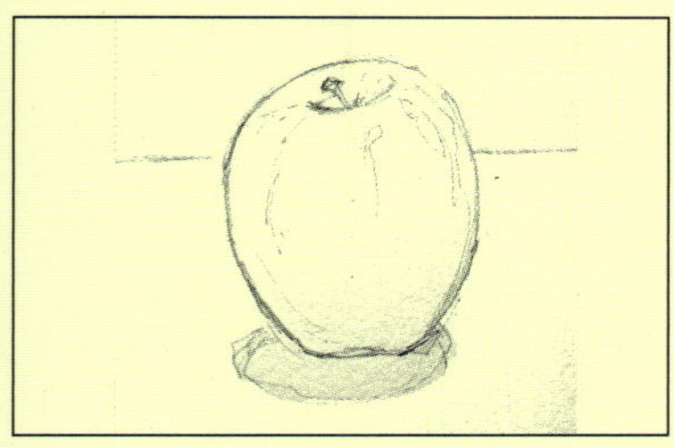

1. BLEISTIFTZEICHNUNG

Zeichnen Sie den Umriss und wenige Details, doch denken Sie daran, dass diese sichtbar bleiben.

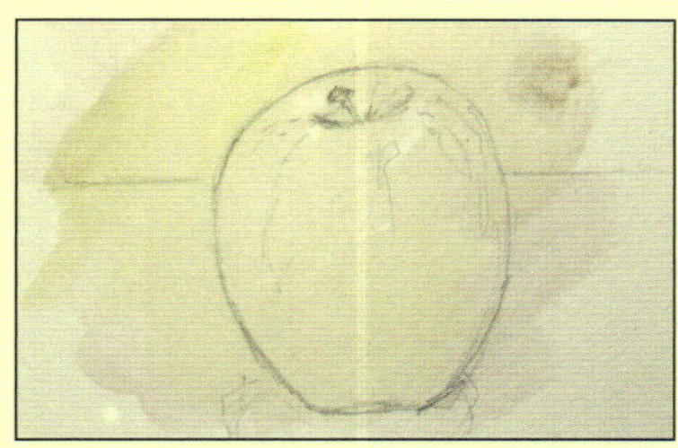

2. SEHR HELLES WASH

Mischen Sie in der Palette ein helles Gelb, ein Karmesinrot und einen Hauch von Siena gebrannt. Tragen Sie das auf die gesamte Szene auf.

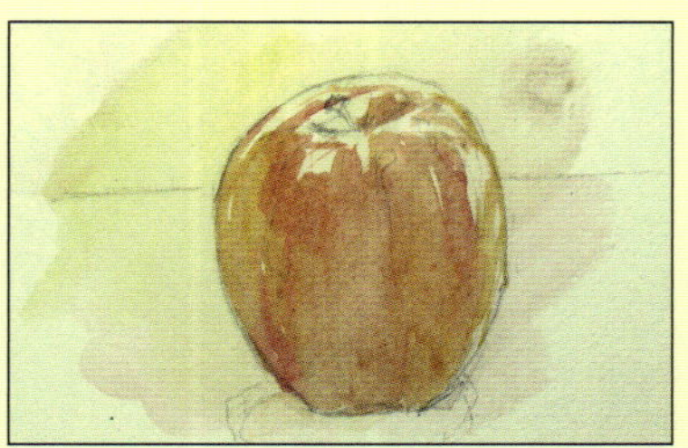

3. FÜLLEN SIE DAS MOTIV

Bauen Sie den Apfel selbst auf. Verwenden Sie weniger Wasser, damit die Farbe etwas intensiver ist. Lassen Sie die Lichtreflexionen aus, sodass das helle Wash hindurchscheint.

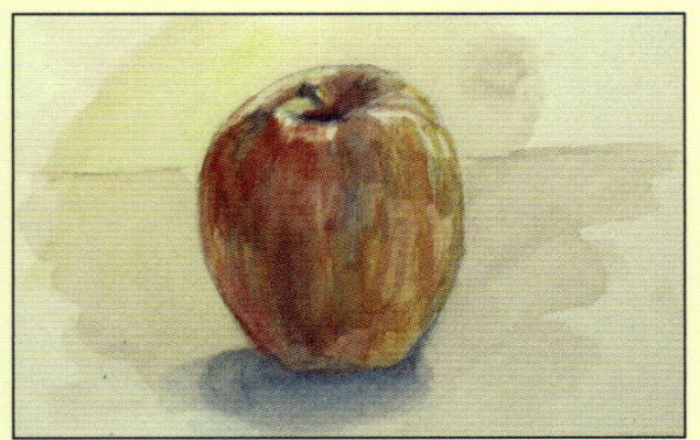

4. SCHATTEN UND TIEFEN

Blaues Wash in den Schatten entwickelt die Form. Mischen Sie Blau und Dunkelrot zu dunklem Violett für die dunkelsten Bereiche.

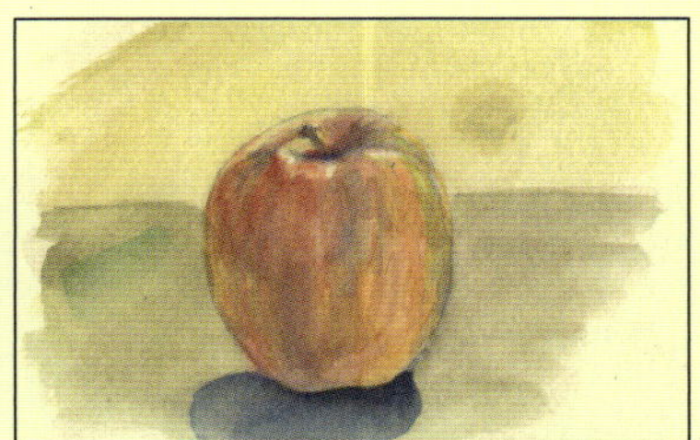

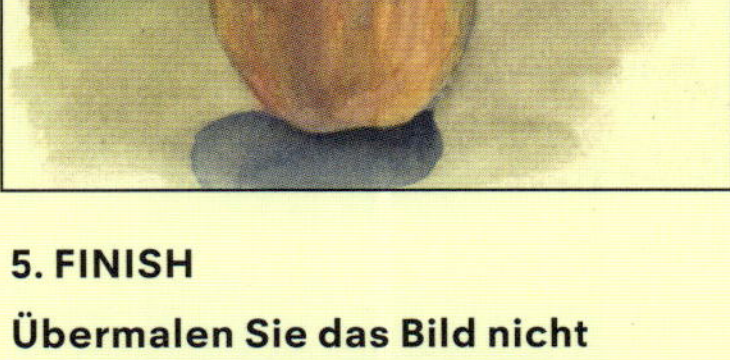

5. FINISH

Übermalen Sie das Bild nicht zu häufig. Drei Washes sollten reichen. Wenn Sie es übertreiben, wird die Papieroberfläche in Mitleidenschaft gezogen.

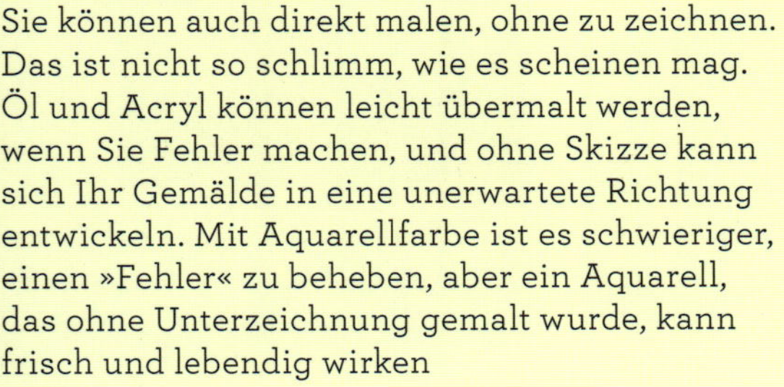

Keine Grundskizze

Sie können auch direkt malen, ohne zu zeichnen. Das ist nicht so schlimm, wie es scheinen mag. Öl und Acryl können leicht übermalt werden, wenn Sie Fehler machen, und ohne Skizze kann sich Ihr Gemälde in eine unerwartete Richtung entwickeln. Mit Aquarellfarbe ist es schwieriger, einen »Fehler« zu beheben, aber ein Aquarell, das ohne Unterzeichnung gemalt wurde, kann frisch und lebendig wirken

ACRYLFARBE AUF GRUNDIERTEM PAPIER

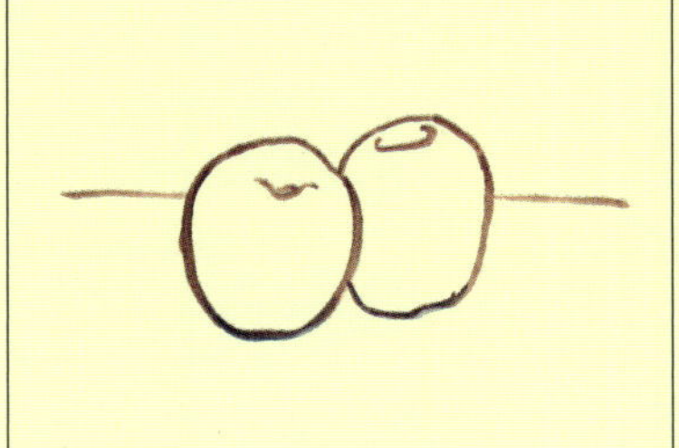

1. MIT FARBE ZEICHNEN

Mischen Sie Ultramarin und Siena gebrannt auf Ihrer Palette für einen dunklen Ton. Verdünnen Sie die Farbe etwas, damit sie besser fließt. Zeichnen Sie die Umrisse Ihrer Äpfel mit der Farbe auf grundiertes Papier.

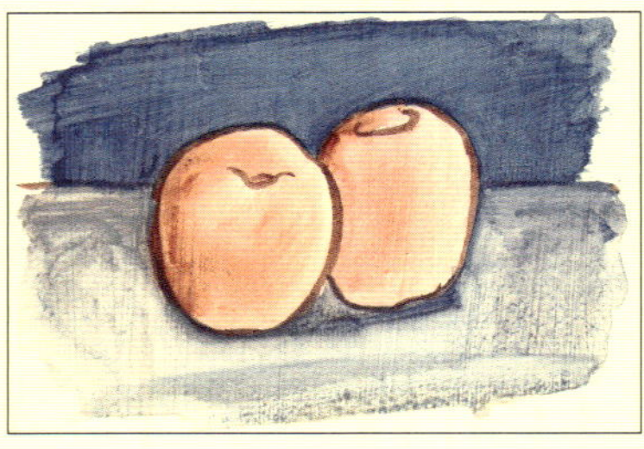

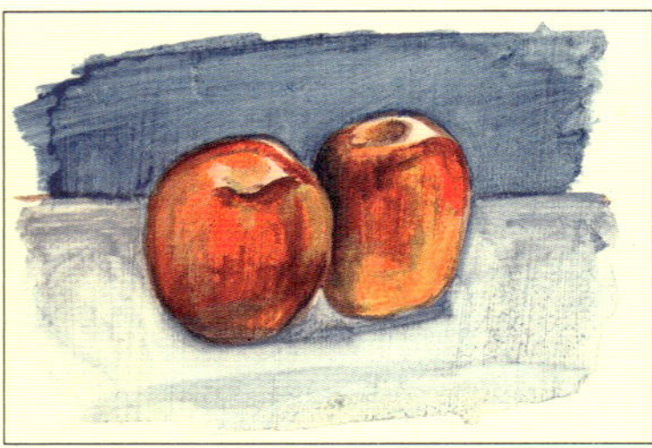

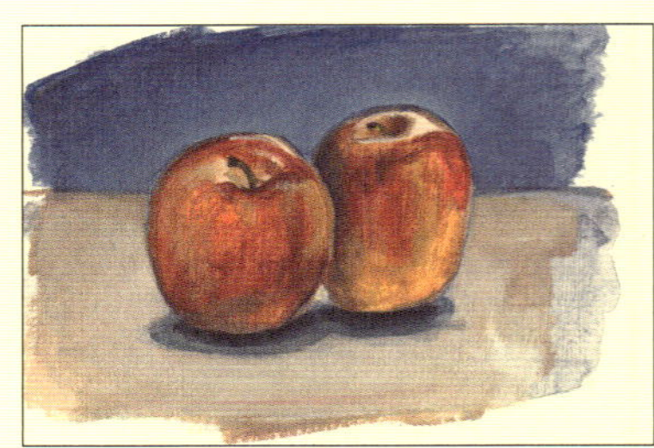

2. WASH-FARBEN

Verdünnen Sie Ultramarin zu einer wässrigen Mischung. Fügen Sie etwas mehr Blau hinzu, um ein kühleres Grau für den Hintergrund zu bekommen. Verwenden Sie für die Äpfel einen wärmeren Ton aus Siena gebrannt. Sie können diese Farbe freizügig auftragen. Malen Sie am besten zuerst mit etwas dickerer Farbe in die dunkleren Bereiche.

3. EBENEN AUFBAUEN

Kadmiumrot und Gelb sind die Hauptfarben dieser Äpfel. Verdünnen Sie Ihre Farbe jetzt nicht. Mischen Sie sie am besten in der Palette, das geht aber auch auf dem Papier. (Verwenden Sie Ihr Ultramarin und Kadmiumrot für die Schatten).

4. FINISH

Während Sie immer noch mit unverdünnter Farbe arbeiten, bringen Sie die Details ein, wie die Stiele und den Hauch von Weiß für die Lichter.

Von hinten nach vorn

Mit Ölfarbe (auch mit Acryl) arbeiten Sie normalerweise von dunkel zu hell. Weil die Farben deckend sind, können Sie hellere Töne und Lichter ins Bild malen.

ÖLFARBE AUF GRUNDIERTER LEINWAND

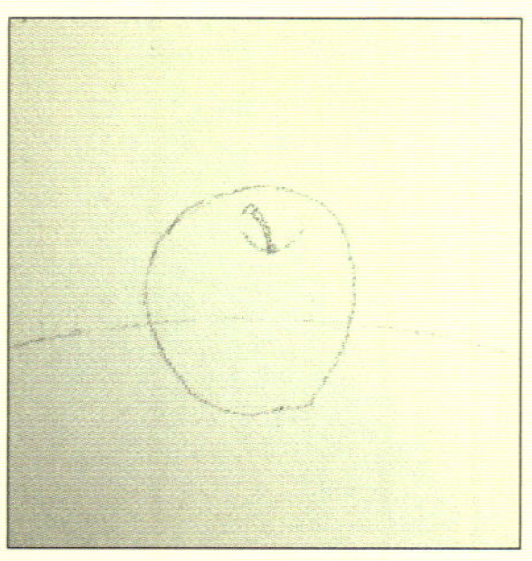

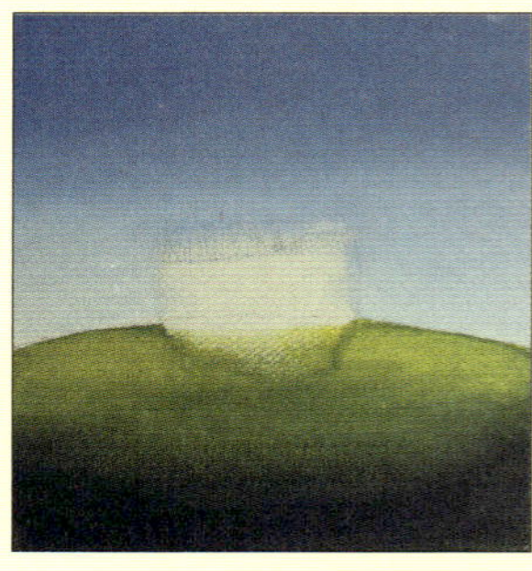

1. BLEISTIFTZEICHNUNG

Zeichnen Sie direkt auf die Leinwand. Das meiste davon werden Sie übermalen.

2. HINTERGRUND

In diesem Gemälde ist der Hintergrund der Himmel. Malen Sie über die Linien. Die Leinwand soll nicht durch Lücken zu sehen sein. Sie wollen, dass es so aussieht, als säße Ihr Motiv vor Ihrem Hintergrund. Verdünnen Sie Ihre Farbe nicht.

3. VORDERGRUND

Dasselbe gilt für den Vordergrund. Malen Sie über die Linien.

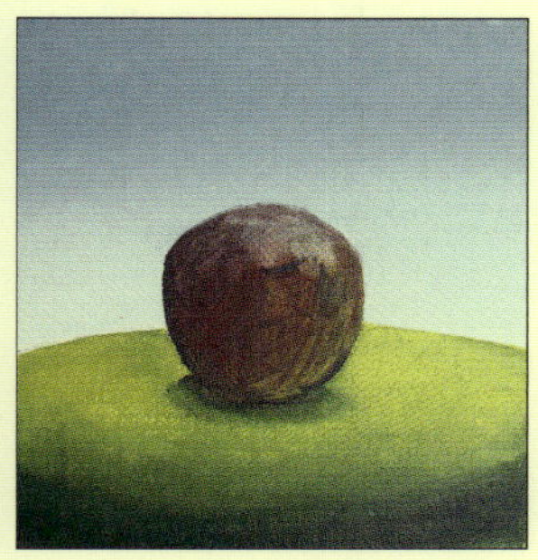

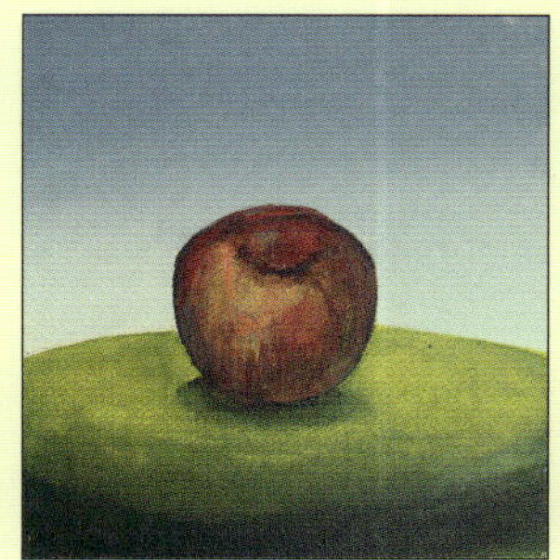

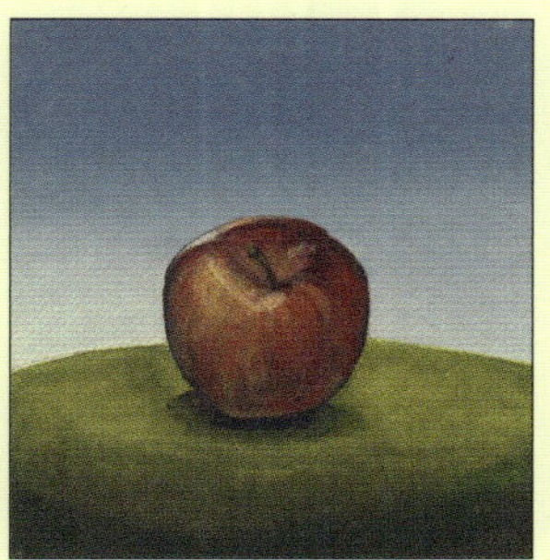

4. DEN APFEL UNTERMALEN

Entdecken Sie Ihr Motiv neu. Auch wenn Sie die Linien Ihrer Zeichnung übermalt haben, sollten Sie sie dennoch sehen können. Wenn nicht, keine Panik, umreißen Sie das Motiv einfach aus dem Gedächtnis neu. Malen Sie es dann mit einer leicht verdünnten Farbe aus. Dieser Apfel ist dunkelrot, der dunklere Ton kommt also zuerst. Mischen Sie einfach irgendeine Farbe aus dem Hintergrund oder Vordergrund.

5. DIE FORM AUFBAUEN

Verdünnen Sie Ihre Farbe jetzt nicht. Bauen Sie die Form und das Volumen Ihres Motivs auf. Beginnen Sie mit der Entwicklung der Lichter und der Tiefen und nutzen Sie die butterige Konsistenz der Farbe und die Richtung Ihrer Pinselstriche, um die Form zu beschreiben.

6. DETAILS UND FINALE LICHTE.

Nun kommt alles zusammen. In diesem Bild habe ich den Stiel und die letzten Lichter eingesetzt, um dem Apfel einen Glanz zu verleihen.

Auf Tonpapier arbeiten – hell und dunkel

ÖLFARBE AUF KARTON, ZUGESCHNITTEN UND MIT EINEM WASH AUS SIENA GEBRANNT GRUNDIERT

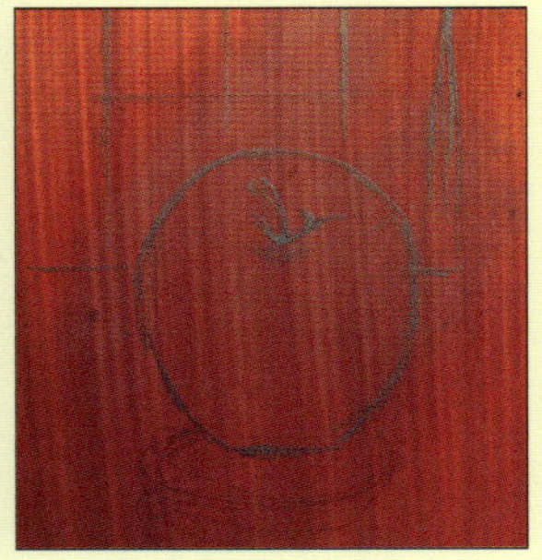

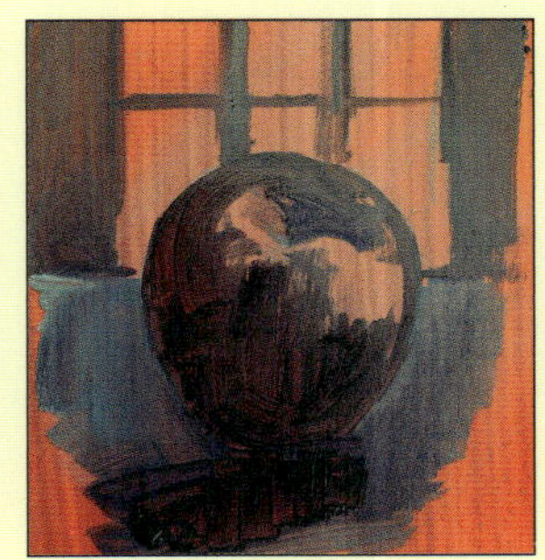

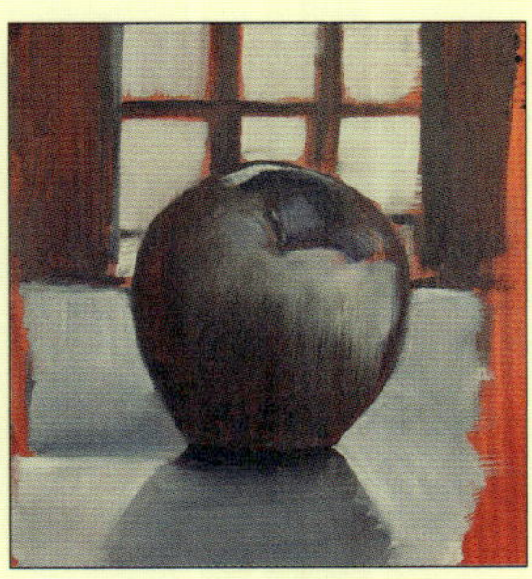

1. BLEISTIFTZEICHNUNG

Fertigen Sie eine grobe Skizze Ihres Motivs an.

2. DUNKLE FARBFLÄCHEN

Mischen Sie auf Ihrer Palette Ultramarin und Siena gebrannt in einer großen dunklen Pfütze. Verdünnen Sie diese mit ganz wenig Terpentin und füllen Sie die Farbe grob in die dunklen Bereiche.

3. HELLERE TÖNE UND VERBESSERN

Mischen Sie mehr Weiß in die Pfütze und malen Sie die helleren Töne ins Bild. Mischen Sie auch auf der Bildoberfläche. Nach den helleren Bereichen verfeinern Sie die Schatten mit dunkler und unverdünnter Farbe. Glätten und überblenden Sie nach Geschmack. Dies ist eine gemalte Skizze mit einem grob gemalten Hintergrund. Die verdünnte Farbe lässt den warmen Ton des Papiers durchscheinen.

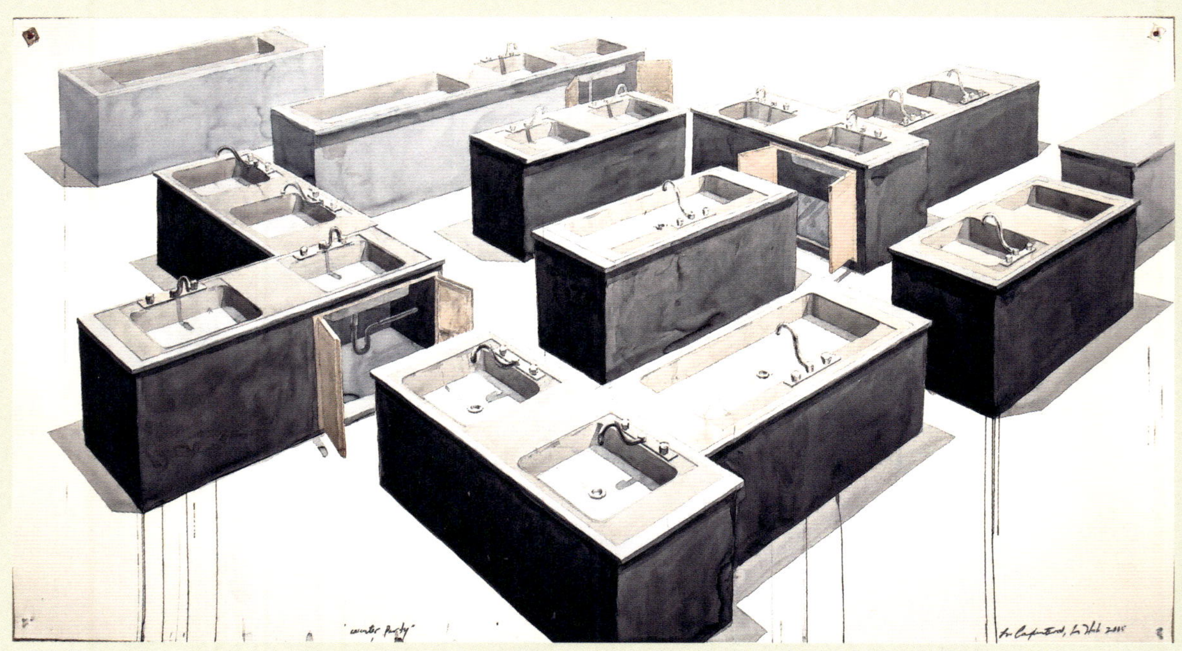

Los Carpinteros
Counter Party
Aquarell auf Papier | 2005
114 x 207 cm

Diese Spülbecken sind ein großartiges Beispiel dafür, wie wir als Künstler die Realität auf subtile Weise (oder nicht so subtil) manipulieren können, indem wir mit zwei Dingen spielen: der Perspektive, die ein Gefühl von Tiefe vermittelt, und den Lichtern und Schatten, die zur Formgebung beitragen.

Form

Sie haben das Sagen, wenn Sie malen, und Sie können Ihr Bild so gestalten, wie Sie wollen. Und Ihr Gemälde muss keinesfalls realistisch aussehen.

Falls Sie aber realistisch malen wollen, ist dieser Abschnitt wichtig für Sie. Damit Ihr Gemälde »realistisch« wird (der Begriff ist kniffliger, als es zunächst den Anschein hat), müssen Sie als Erstes herausfinden, wie Sie die Dinge, die Sie in dieser großen, wunderbaren dreidimensionalen Welt um sich herum sehen, überzeugend auf Ihrem Malgrund, einer zweidimensionalen Leinwand, darstellen können. Darum geht es in diesem Abschnitt. Wie Sie die Dinge in Ihrem Gemälde stabil und dreidimensional aussehen lassen, ihnen Form geben.

Hier tricksen wir Menschen aus, denn wenn wir »realistisch« malen, erzeugen wir die Illusion von Tiefe. Eines der nützlichsten Werkzeuge bei dieser Trickserei ist die Perspektive.

Perspektive verwandelt Ihre flache Leinwand in einen Raum, in dem Dinge mit Gewicht und Volumen existieren und realistisch (oder »gegenständlich«) aussehen. Ohne zu sehr ins Detail zu gehen. Die Perspektive ist zweigeteilt: linear und farblich. Lineare Perspektive ist, wenn die Dinge umso kleiner aussehen, je näher sie dem Horizont kommen. Farbperspektive ist, wenn die Dinge heller (und etwas blauer) aussehen, je weiter sie entfernt sind.

Farbton und Perspektive geben dem Gemälde Tiefe und Form.

Die Perspektive erzeugt die Illusion von Tiefe, aber die Form ist mehr als das. Um etwas wirklich solide aussehen zu lassen, müssen wir über den Farbton nachdenken. Licht und Schatten schaffen Form. In diesem wunderschön detaillierten, leicht surrealen Gemälde des kubanischen Kollektivs Los Carpinteros sehen wir eine Reihe von Spülbecken, die in der Ferne verschwinden. Beachten Sie, wie sie die Perspektive übertreiben; die Spülbecken verblassen wirklich, und sie werden wirklich viel kleiner. Diese Künstler spielen gern mit Form und Tiefe, indem sie Objekte und Strukturen, die wir täglich sehen, mit Verspieltheit und trockenem Humor darstellen.

FORM

Zweifarbig

Diese Körperstudien wirken ähnlich flüchtig wie das Licht, als würden sie jeden Augenblick aus unserem Blickfeld verschwinden. Der Pinsel von Wendy Artin fängt die Form und Haltung des jungen männlichen Modells mit einer scheinbar winzigen Handvoll Pinselstriche ein.

Eine starke einzelne Lichtquelle gibt Artin den hohen Kontrast, der diese Technik so wirkungsvoll macht. Es gibt zwei Töne: helles Weiß und einen rauchigen dunklen Ton.

Wie so oft geht es auch hier vor allem um Einfachheit. Artin braucht das Papier nur dort, wo das Licht auf die Figuren trifft, leer zu lassen, und dann verwendet sie nur eine Farbe für den Schatten, aber das reicht aus, um eine Reihe von Tönen zu erzeugen.

Aquarell ist dafür erstaunlich gut geeignet. Es kann einen gleichmäßigen Mittelton für die Hauptform abgeben, dann gibt es die intensiveren, dunkleren Bereiche, wo der Pinselstrich endet, und die Pigmentpools. Artin beendet absichtlich den Schwung ihres Striches in diesen dunkleren, intensiveren Schattenbereichen.

Wie wir zu Beginn des Buches bei Sunga Park gesehen haben, entstehen durch Malen auf trockenem Papier die harten Ränder, die einen scharfen Kontrast zwischen Hell und Dunkel ergeben. Schauen Sie sich die Abbildung links an und achten Sie auf die Form des ausgestreckten Arms. Dort, wo sie einen weicheren Übergang von hell nach dunkel wünscht, wie auf dem Torso der letzten beiden Figuren, befeuchtet Artin das Papier, damit das Pigment sanft über diesen Bereich auslaufen kann.

Es gibt keine Grundskizze. Sie konzentriert sich nur auf die Schatten, in der Hoffnung, dass sich die Form aus diesen einfachen dunklen Flecken entwickelt.

Verwenden Sie eine einzige dunkle Farbe (Artin verwendet eine Mischung aus Sepia und Brown Madder, aber Sie könnten es mit Umbra gebrannt versuchen). Denken Sie nicht an Ihr Motiv als Ganzes, sondern reduzieren Sie die Szene wie Artin auf Hell und Dunkel und konzentrieren Sie sich darauf, die Formen der Schatten zu finden. Kneifen Sie die Augen zusammen, um die Details loszuwerden.

Das sieht mühelos aus, erfordert aber unglaublich viel Übung, also machen Sie sich keine Sorgen, wenn Ihre ersten Versuche nicht gelingen.

Malen Sie die Schatten, um die Form zu erhalten.

Wendy Artin
Figure studies
Aquarell auf Papier | 2019
32 x 50 cm

Aquarell ist das perfekte Medium für diese schnellen Studien. Sie können mit einem einzigen Pinselstrich eine Reihe von Tönen erzielen. Acryl kann verdünnt werden, hat aber nicht den gleichen subtilen Farbumfang. Sie könnten es mit Acryl versuchen, aber die Schatten als einen festen Block malen. Das wirkt deutlich grafischer und dramatischer.

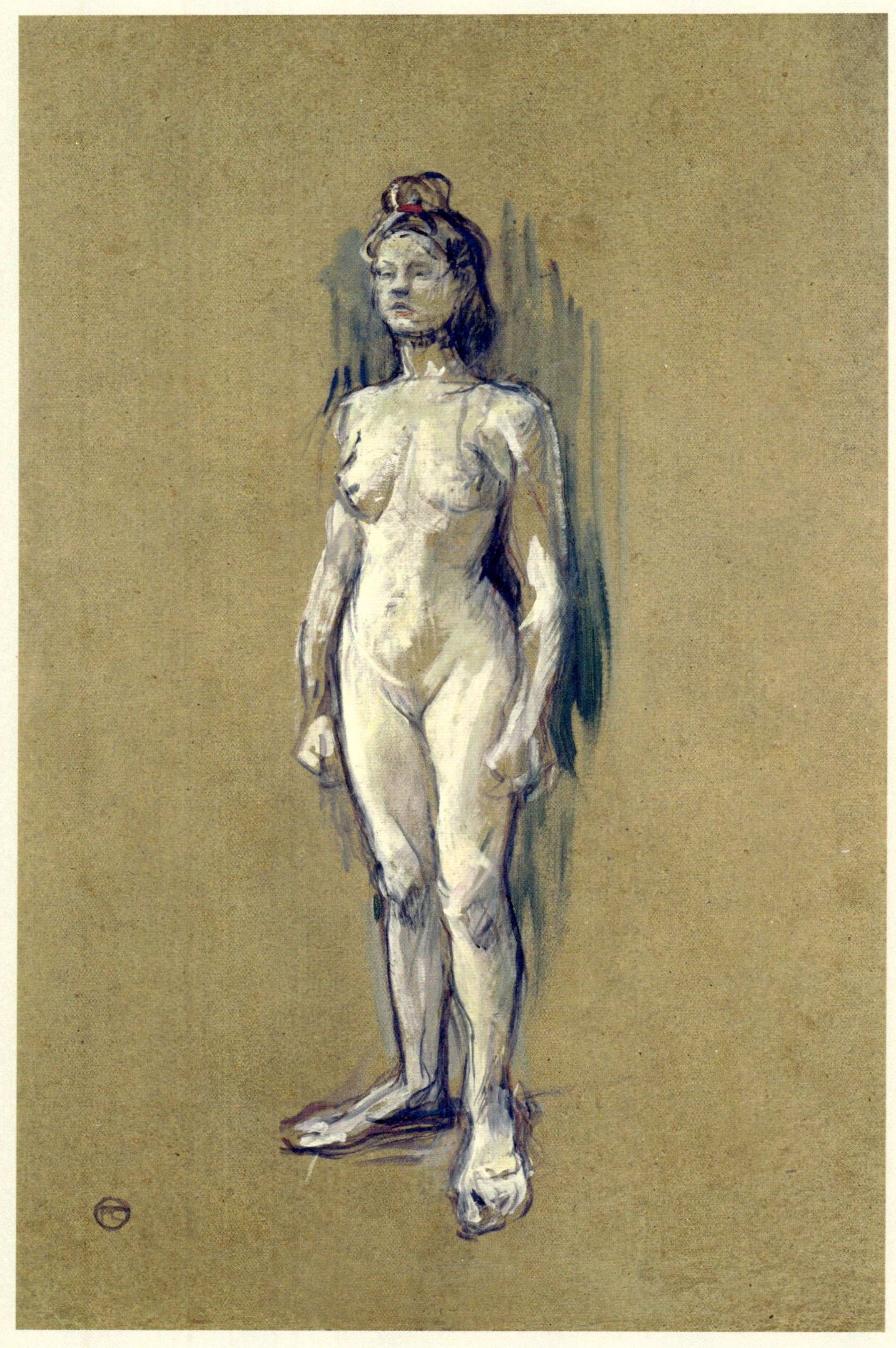

FORM

Braun oder weiß?

Henri de Toulouse-Lautrec war in den Nachtclubs und Bordellen des Paris des 19. Jahrhunderts bekannt. Durch eine Erbkrankheit kleinwüchsig, war er nur 1,52 m groß und ging am Stock. Sein Werk war ebenso bekannt wie er selbst, von auffälligen Plakaten zeitgenössischer Promis bis zu intimen Gemälden der nackten und halbnackten Darsteller.

Diese statuenhafte Figur könnte eine Tänzerin in ihrer Garderobe oder ein Modell im Atelier sein. Was auch immer, das Werk demonstriert Lautrecs Technik, Personen mit einer direkten Vitalität und Ehrlichkeit zu erfassen.

Wie Degas beginnt Lautrec seine Malerei nicht auf weißem, sondern auf braunem Hintergrund. Bei Degas sahen wir, wie er diesen farbigen Grund benutzte, um die Szene durch Farbflächen wiederzugeben. Lautrec arbeitet anders. Er ist eindeutig mehr daran interessiert, die Beschaffenheit und Form der Figur einzufangen. Durch die braune Fläche konnte er dann seine Palette auf Weiß und Blau beschränken: Weiß für die Lichter und Blau für den Schatten.

Lautrec trägt die Farbe fast wie eine Zeichnung auf und baut die Form des Körpers mit dünnen Schraffuren auf. Es handelt sich um ein skizzenhaftes, schnelles Gemälde, die Hände sind kaum aufgelöst, aber diese Technik vermittelt ein Gefühl von Dreidimensionalität. Achten Sie darauf, wie gut der Torso des Modells beschrieben wird, indem man einfach das Braun des Hintergrunds als einen Halbschatten belässt, der sich vom Licht, das den Bauch einfängt, bis zum blauen Schatten des Arms wölbt.

Sie können dies an etwas so Einfachem wie braunem Papier oder Karton ausprobieren (ein grauer Karton kann genauso gut funktionieren wie ein brauner). Verwenden Sie blaue Farbe, um den Umriss zu skizzieren. Wenn einige der Linien nicht an der richtigen Stelle sind, können Sie sie in einen blauen Hintergrund auflösen.

Dann malen Sie die Lichter ein und lassen die braune Farbe des Kartons für einige der helleren Schatten durchscheinen – das Blau ist nur für die wirklich dunklen Bereiche. Wie bei den Gemälden von Artin malen Sie diese Skizzen schnell und überarbeiten Sie sie nicht.

Wenn Sie auf braunem Karton arbeiten, ist der Mittelton bereits fertig.

Henri de Toulouse-Lautrec
Stehender weiblicher Akt
Öl auf Karton | 1898
80 x 53 cm

Lautrec verwendete »peinture à l'essence«, also mit Terpentin verdünnte Ölfarbe (genau wie Degas). Er grundierte seinen Karton nicht, daher ist er saugfähig, die Farbe trocknet also schneller. Damit konnte Lautrec die Form des Modells mit Schichten von Schraffuren und Kreuzschraffuren gestalten, was den Hauttönen Leuchtkraft verleiht.

Dunkel schafft Tiefe

Eines der auffälligsten Merkmale dieses Gemäldes sind die vielen Schatten. In diesem direkten Porträt seiner Schwester Hilda scheut sich Richard Carline nicht davor, sein Dunkel wirklich dunkel zu machen.

Eine starke Lichtquelle war nötig, um diesen Kontrast zu erzeugen und Carline die ausgeprägten Schatten zu geben. In diesem Gemälde hat er seine Lichtquelle über seinem Motiv positioniert. Dadurch entstehen die tiefen Schatten zur Definition von Hildas Zügen. Hildas Augen sind kaum sichtbar. Und diese Schatten unter ihrem Kinn – diese großen, klobigen Formen des tiefschwarzen Schattens sind klar definiert und geben dem Gemälde den entscheidenden Sinn für die Form, darüber hinaus verleihen sie dem Bild eine echte Tiefe.

Durch die intensiven dunklen Töne steigert Carline also den Sinn für Form und Tiefe. Es mag seltsam erscheinen, von Tiefe zu sprechen, wenn man ein Porträt betrachtet, aber es ist dennoch wichtig, die realistische Struktur des Gesichts zu schaffen, weil die dunklen Schatten diese Bereiche zurückdrängen: die Augen werden tiefer gesetzt und das Kinn wirkt ausgeprägter.

Stellen Sie sich eine Sekunde lang vor, wie dieses Bild mit Licht von vorn ausgesehen hätte. Es gäbe keine Schatten und Hildas Gesicht hätte völlig flach gewirkt.

Ich sagte bereits, wenn Sie die Augen zusammenkneifen, können Sie Ihr Motiv einfach als Licht und Dunkelheit sehen. Konzentrieren Sie sich darauf, den dunkelsten Bereich zu finden, und machen Sie ihn wirklich dunkel. Wenn Sie anfangen zu malen und sich über die Farbe Gedanken machen, vergisst man leicht, dass man den Kontrast beibehalten muss.

Machen Sie die Augen richtig dunkel, um ihre Tiefe zu betonen.

Richard Carline
Porträt von Hilda Carline
Öl auf Leinwand | 1918
76,2 × 63,5 cm

Beim Malen braucht man Kontrast, um ein realistisches Formgefühl zu erzeugen. Öl ist dafür wegen seiner Deckkraft und der Tiefe der verschiedenen Farbtöne gut geeignet.

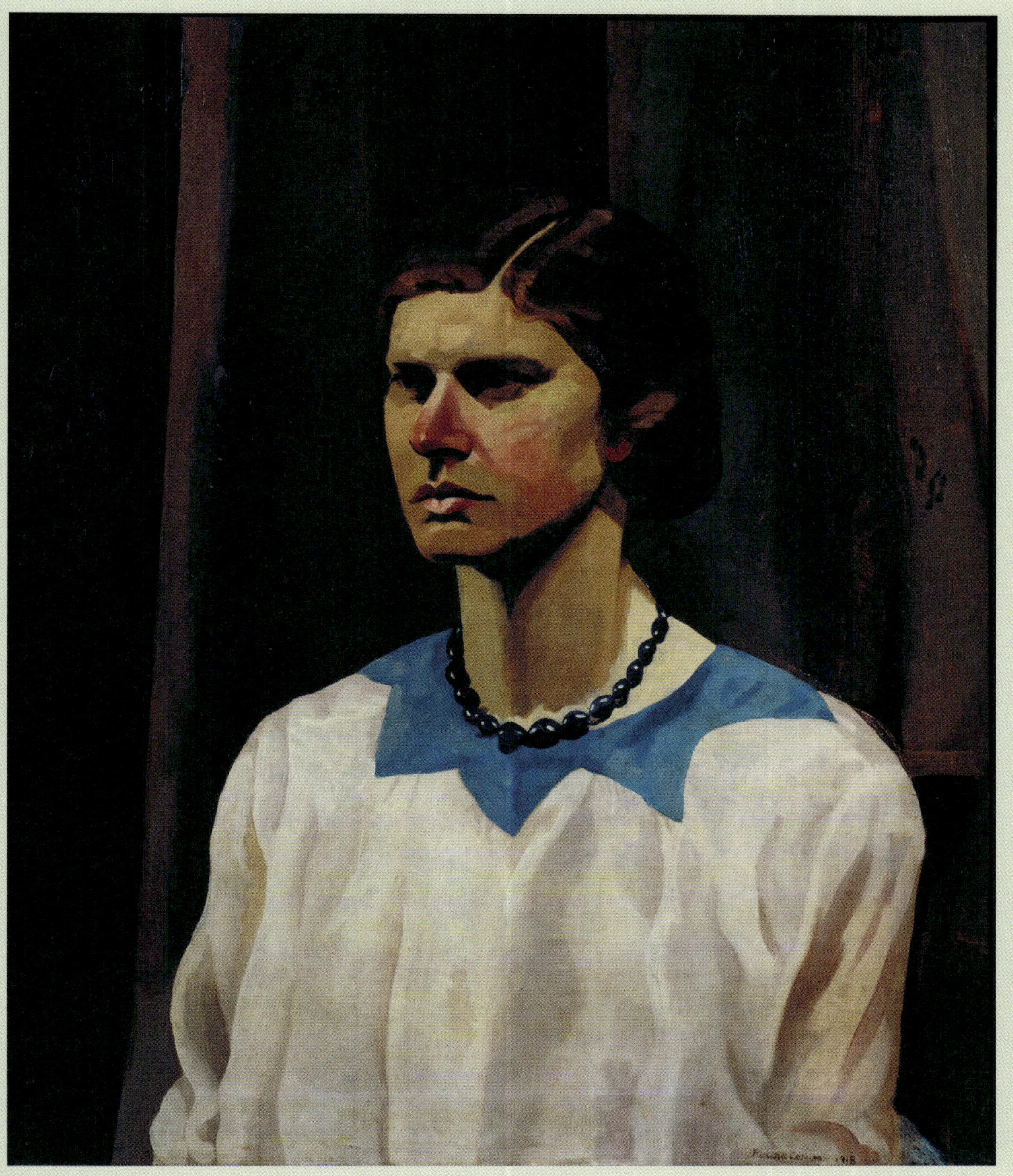

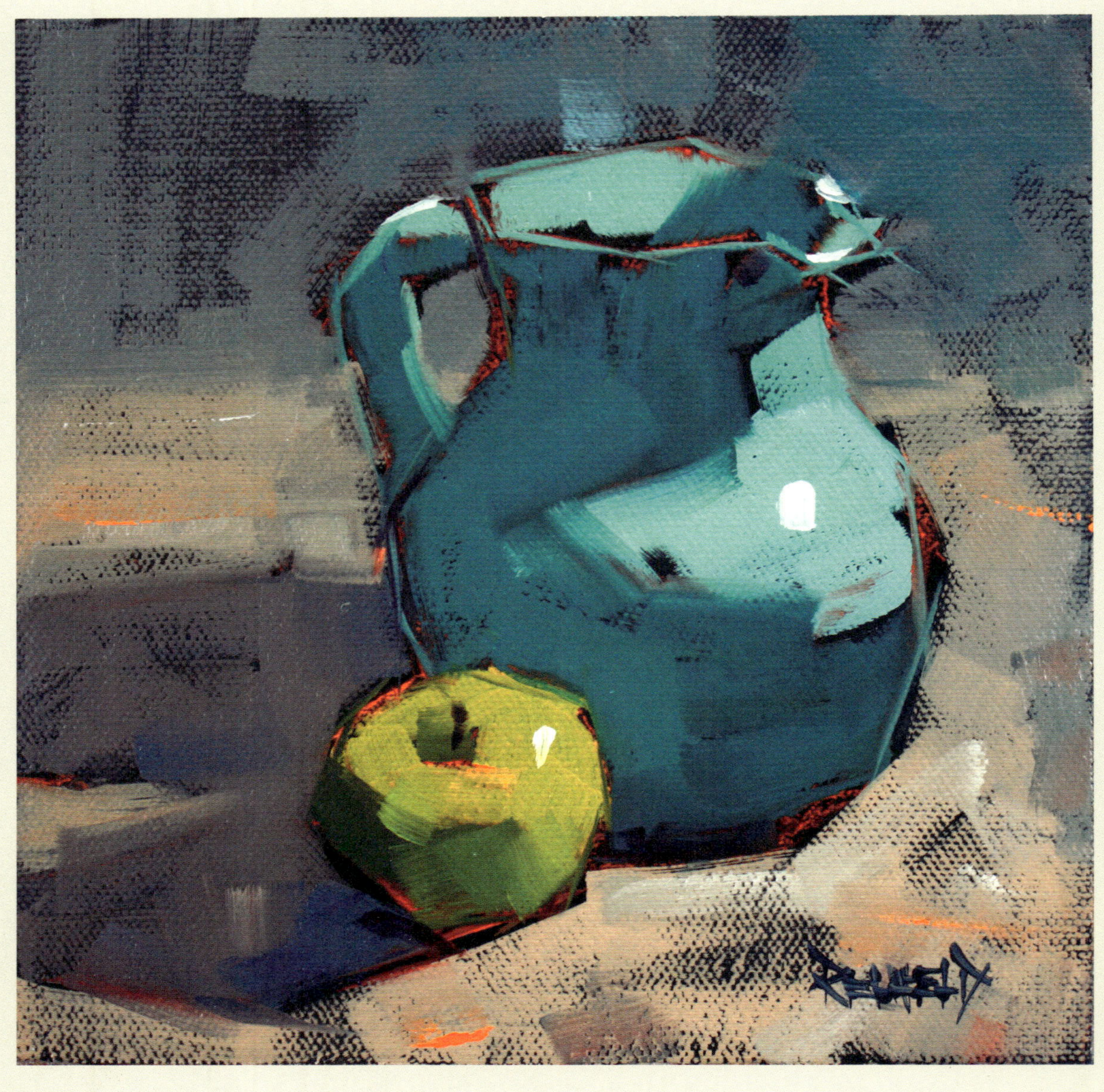

Cathleen Rehfeld
Türkiser Krug und Apfel
Öl auf Leinwand | 2017
15 x 15 cm

Rehfeld arbeitet auf einem dunklen, fast schwarzen Grund. Mit Ölfarbe arbeitet man traditionell vom dunklen zum hellen Ton. Als Letztes hat Rehfeld hier vermutlich die weißen Lichtblitze auf dem Apfel und dem Krug gemalt.

FORM

Größe zeigen (beim Pinsel)

Die Gemälde von Cathleen Rehfeld haben einen wunderbaren Schwung; sie sind voll großer, klobiger Formen und kräftiger Farben. Wie dieses kleine Gemälde von einem leuchtend türkisfarbenen Krug und einem grünen Apfel. Zwei einfache Gegenstände, aber Rehfeld malt sie so, dass sie fast eine eigene Persönlichkeit haben, den mütterlichen Krug mit einem kleinen frechen Apfel, der sich zum Trost neben ihn schmiegt.

Rehfeld malt mindestens ein Bild pro Tag, von Anfang bis Ende. Sie wählt einfache Motive, häufig aus der häuslichen Umgebung und oft Früchte. Früchte sind brillante Motive; sie haben schöne Farben und eine Reihe wunderbarer, schräger Formen und Gestalten.

Mir gefällt Rehfelds Farbe, aber es ist dieses Formgefühl, das so charakteristisch für ihre Bilder ist. Das Entscheidende daran ist, dass sie, obwohl sie in kleinem Maßstab arbeitet, 15 mal 15 Zentimeter, die Farbe mit großen, breiten Pinselstrichen auf die Leinwand bringt.

Die hellen und dunklen Bereiche werden als große Blöcke und Schwünge von Farbe aufgetragen; und weil sie dies in einem Zug malt (im Kunstjargon »alla prima« genannt), kann sie die nasse Ölfarbe mischen. Schauen Sie sich den Übergang von hell zu dunkel in der Mitte des Kruges an, ein Strich schafft den Übergang vom der nassen dunklen Farbe zur hellen.

Die breiten Striche tragen also dazu bei, ein Gefühl von Volumen zu erzeugen, aber Sie können mit demselben Pinsel auch dünnere Striche malen. In diesem Gemälde sind es diese scharfen eckigen Pinselstriche, die den Umriss des Apfels und des Kruges bestimmen und die Tiefe umreißen. Sie wirken wie ein Rahmen für die energischeren, lockereren Pinselstriche.

Ihr Pinsel hat einen großen Einfluss auf den Eindruck, den Ihr Bild auf den Betrachter macht. Kleine Pinsel fühlen sich beim malen etwas sicherer an, weil Sie glauben, weniger Fehler zumachen, aber ein großer Pinsel gibt der Farbe mehr Freiheit, und das allein kann schon zu großen Effekten führen, wenn es darum geht, ein starkes Formgefühl einzufangen.

Trauen Sie sich. Verwenden Sie einen großen Pinsel für kleine Bilder.

Richtung ändern

Bei Rehfeld haben wir gesehen, wie Ihr Pinsel, einen Unterschied bewirken kann. Mit Paul Cézanne wird klar, dass auch der Pinselstrich eine Veränderung vermag.

Cézanne war ein Meister der Form, seine Gemälde sind voller dreidimensionaler Formen, egal ob er Stillleben, Porträts oder Landschaften malte. So sah er die Welt. Er wird wegen seines Einflusses auf spätere Künstler wie Pablo Picasso und Georges Braque als Pate der modernen Kunst gepriesen. Letztere gingen einen Schritt weiter und verwandelten die Natur tatsächlich in Formen und Würfel, weshalb sie als Kubisten bekannt wurden.

Cézanne schuf diese Welten aus Farbflächen und Strukturen mit einem unverwechselbaren, abgehackten Pinselstrich, den er weder glätten noch verbergen wollte, denn er half, die Form seines Motivs zu bestimmen.

In dieser Flussszene von Paul Cézanne sehen wir ein cremefarbenes Haus, das zwischen zwei riesigen buschigen Bäumen hervorschaut. Davor ist der Bogen der Brücke zu sehen. Hier gibt es einen wunderbaren Kontrast zwischen dem vom Menschen Erschaffenen und dem Natürlichen. Das Haus wirkt tatsächlich fast flach im Vergleich zu den riesigen, voluminösen Büschen.

Wie viele große Meister hat Cézanne seine Szene auf das Wesentliche reduziert, aber es ist nicht nur Cézannes Methode der Vereinfachung, die Form und Beschaffenheit hervorhebt, sondern auch seine Pinselstriche sind entscheidend. Er versucht nicht, sie zu verbergen, sondern benutzt sie, um Form und Gestalt zu beschreiben.

Bei genauerem Hinschauen erkennt man die Vielfalt der Pinselstriche Cézannes. Sie sind diagonal, vertikal und horizontal, und jede Markierung trägt dazu bei, die Illusion von Volumen zu vermitteln. Das ist ein wenig wie beim Zeichnen, wenn die Schraffur und die Kreuzschraffur der Form des Motivs folgen.

Welches Motiv Sie auch malen, die Art und Weise, wie Sie die Farbe auftragen, kann großen Einfluss darauf haben. Beschreiben Sie mit Ihrem Pinselstrich die unverwechselbare Form Ihres Motivs.

Die Richtung des Pinselstrichs hilft, die Form zu beschreiben.

Paul Cézanne
Haus am Fluss
Öl auf Leinwand | 1890
81 x 65 cm

Paul Cézanne spielt in diesem Ölgemälde mit unserer Wahrnehmung von Tiefe. Das Haus im Hintergrund erweckt den Eindruck, eher vorwärts zu drängen. Um den Hintergrund zurücktreten zu lassen, müsste man die Farben dämpfen, indem man etwas Weiß und Blau hinzufügt, aber Cézanne tut dies mit den Bäumen im Vordergrund. Dies verkürzt die Perspektive des Bildes und lenkt unsere Aufmerksamkeit auf die Oberflächenstruktur des Gemäldes.

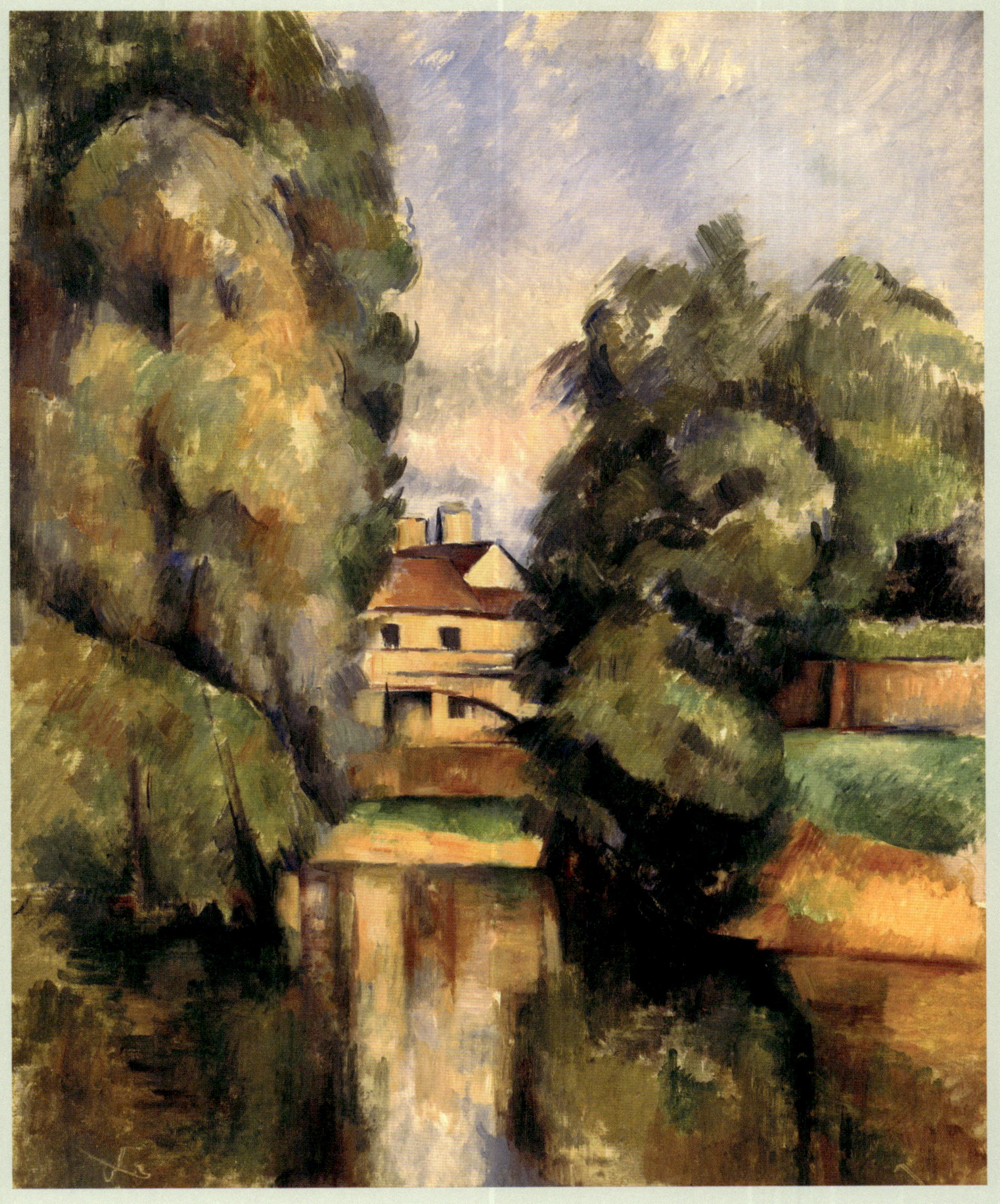

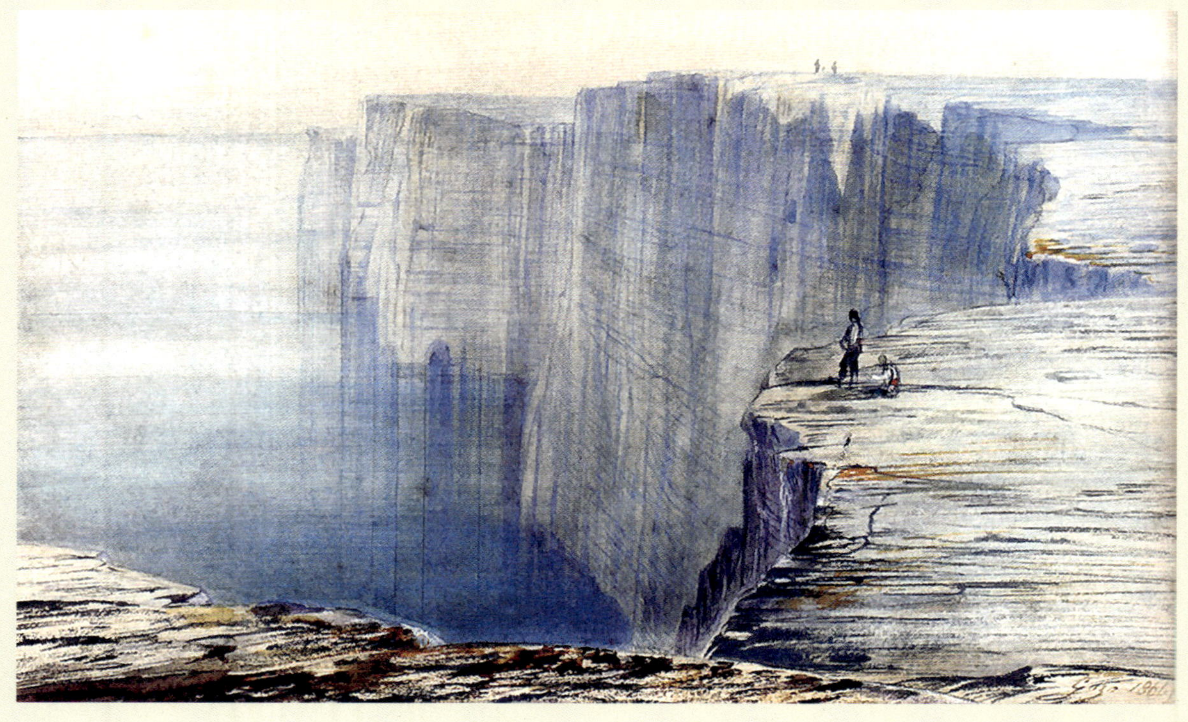

Edward Lear
Gozo
Aquarell auf Papier | 1862
25 x 16 cm

Aquarellfarben eignen sich hervorragend, um weiche, neblige Effekte zu erzeugen. Verdünnte Ölfarbe kann dies ebenfalls, aber mit Aquarellfarbe ist es einfacher, zuerst Ihre Komposition zu zeichnen und dann erst die Farbe aufzutragen. Bei Öl und Acryl hellen Sie den Ton auch einfach mit Weiß auf.

FORM

In der Ferne verblassen

Edward Lear ist wohl am besten für seine Nonsense-Gedichte wie »The Owl and the Pussy-Cat« bekannt, doch diese sind nur die Spitze des Eisbergs, wenn es um sein Talent geht. Lear reiste ausgiebig, vor allem im Mittelmeerraum, und illustrierte seine Reisen mit kleinen Aquarellen.

Diese Ansicht der Klippen von Gozo ist ein großartiges Beispiel. Lears Komposition bezieht den Betrachter mit dem großen Schwung der sich in die Ferne wölbenden Klippen ins Bild ein. Eine wunderbar poetische Vision. Die zerklüftete Felswand, die mit einer Reihe von hauchdünnen Linien dargestellt und mit dem dunstigen Blau des Schattens gemildert wird, erinnert sehr an einen mediterranen Abend.

Aber es ist die Weite dieser Klippen, die Edward Lear selbst in einem kleinen Gemälde so geschickt einzufangen vermag. Die Personen, die Lear in diese Landschaft gesetzt hat, geben uns das Gefühl von Größe, sowohl das Paar im Vordergrund als auch die beiden in der Ferne (im Kunstjargon werden beiläufige Figuren, die einer Landschaft Maßstab verleihen, »Staffage« genannt). Der Rest ist einfach seinem Wissen und der subtilen Manipulation der Perspektive zu verdanken.

Die Klippen werden kleiner, je weiter sie sich zum Horizont zurückziehen, gemäß den »Regeln« der linearen Perspektive. Aber es ist Lears Verständnis der Farbperspektive – die helleren Farbtöne und das stärkere Blau –, das ein so intensives Gefühl von Tiefe und Distanz erzeugt. Es ist sehr wahrscheinlich, dass Lear dies übertrieben hat, indem er die Klippen fast bis zum Horizont verschwinden ließ, um das Gefühl der Ferne wirklich zu verstärken.

Die Aufhellung ist ein natürliches Phänomen und tritt auf, weil mehr Atmosphäre im Raum ist, je weiter etwas entfernt ist. Am deutlichsten wird dies bei Landschaften (denken Sie an Bilder von hellblauen, weit entfernten Bergen).

Dieser Effekt funktioniert jedoch bei allem, und als Künstler darf man übertreiben. In einem Stillleben zum Beispiel können Sie den Ton von Objekten im Hintergrund subtil aufhellen, um die Tiefe zu betonen, auch wenn Sie diesen Effekt im wirklichen Leben nicht wirklich sehen können. In ähnlicher Weise kann ein einfacher, hellerer Ton für den Hintergrund in einem Personenbild dazu beitragen, die Figur nach vorn zu holen.

Hellere Töne scheinen weiter entfernt zu sein. Betonen Sie die Tiefe, indem Sie die Farbe von entfernten Objekten aufhellen.

TECHNISCHER EXKURS

Licht und Tiefe

Licht ist wichtig, um ein Gefühl von Dreidimensionalität zu erzeugen, und die Position dieses Lichts hat eine große Wirkung. Gerades Licht flacht die Form ab. Starkes Seitenlicht gibt die dramatischste Lichtwirkung.

Licht

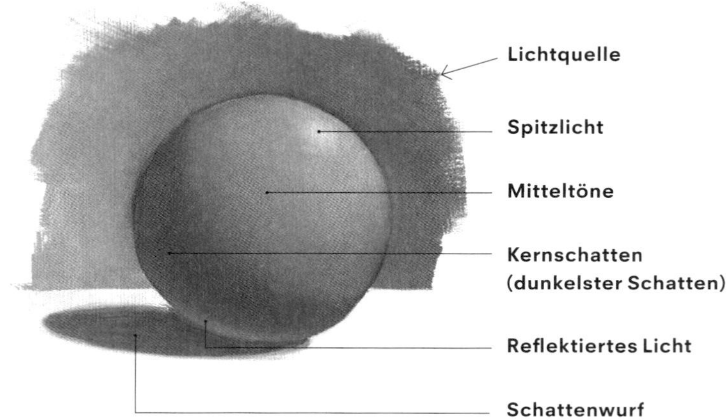

Links sehen Sie eine zweidimensionale Form, einfach ein Kreis. Sie ist flach, ohne die Modellierung, die den Kontrast zwischen Hell und Dunkel erzeugt, der die Kugel auf der rechten Seite dreidimensional erscheinen lässt.

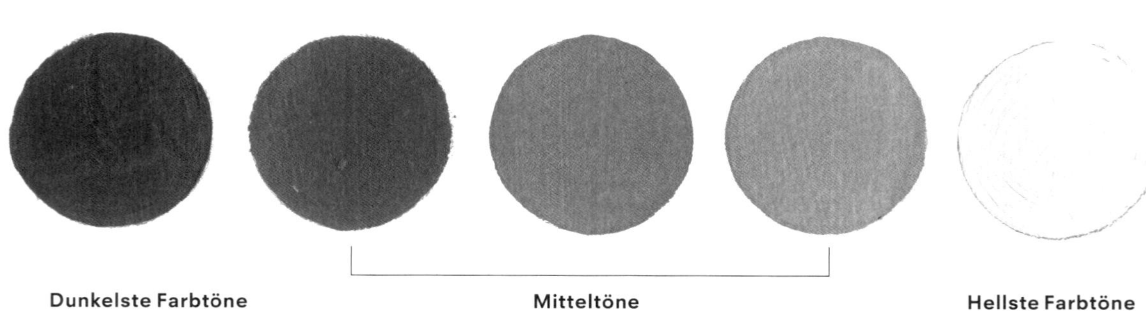

Lineare Perspektive: Ein-Punkt-Perspektive

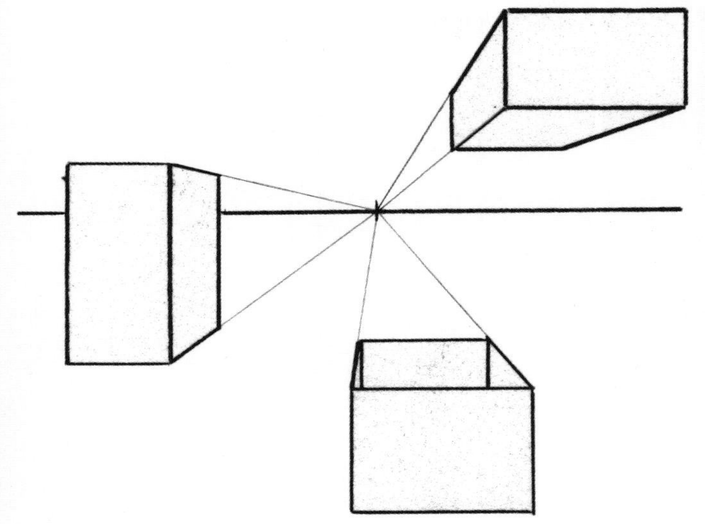

Die lineare Perspektive beschreibt das Phänomen, dass Objekte scheinbar immer kleiner werden, je weiter sie entfernt sind. Sie ziehen sich in Richtung des Fluchtpunktes zurück, wo sie schließlich aus dem Blickfeld verschwinden.

Farbperspektive

Die Farbperspektive bezieht sich auf das Verblassen entfernter Objekte. Das liegt daran, dass zwischen uns und dem Objekt buchstäblich mehr Atmosphäre herrscht, weshalb sie auch leicht blau erscheinen.

Wir können dies in der Malerei akzentuieren, indem wir Dinge ausblenden, um sie weiter entfernt erscheinen zu lassen, auch wenn sie in Wirklichkeit für dieses Phänomen nicht weit genug entfernt sind.

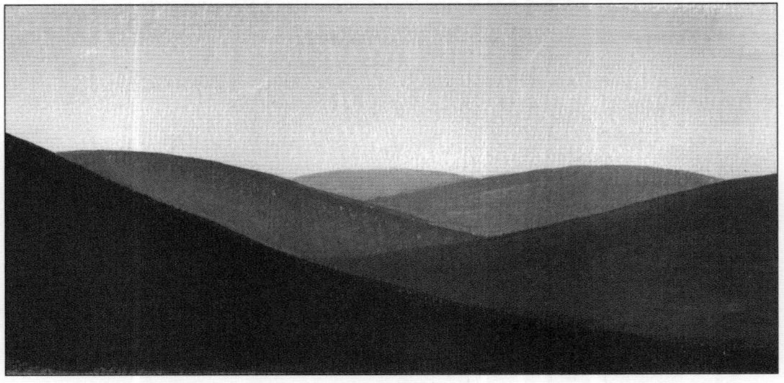

FIGURE 5

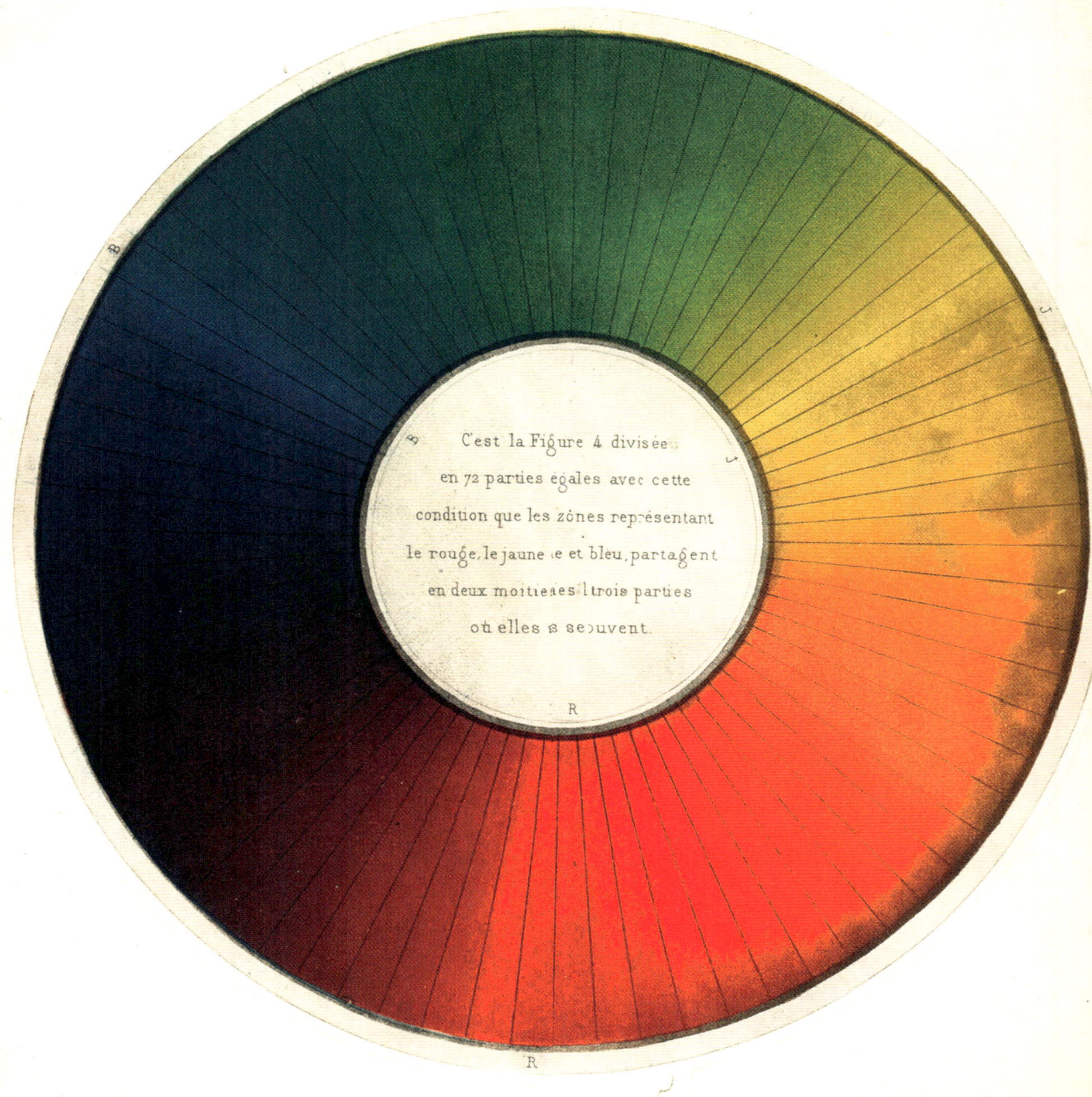

Si on se représente chaque partie de la zône fig. 5 uniformément teinte de la *couleur nuancée* dont elle est couverte, on aura *72 Couleurs types* suffisamment distinctes pour qu'on puisse y rapporter les couleurs franches, comme on rapporte les tons d'une même couleur à la figure 3.

Observation. La consequence du mélange uniforme de la couleur est toute simple pour toutes les parties qui ne renferment que deux couleurs, mais les parties divisées par RR JJ BB, renfermant trois couleurs, doivent être l'objet d'une remarque particulière. Elles comprennent en effet chacune trois couleurs, par exemple, la moitié de la partie représentant le rouge qui est du côté du jaune contient du jaune, comme la moitié qui regarde le bleu contient du bleu. Dès lors par le mélange, la partie rouge doit être mêlée de jaune et de bleu, à la vérité en très petite quantité, mais ce mélange ne change pas la qualité du rouge autrement qu'en l'ombrant un peu, par la raison que des couleurs materielles complémentaires donnent du Noir par leur mélanges.

Si l'on se représentait la zône circulaire colorée par la transmission ou la réflexion des rayons colorés du prisme, le rouge au lieu d'être ombré, serait éclairci parce que les lumières colorées complémentaires reproduisent du blanc par leur mélange.

Farbe

Die Versuchung ist groß, beim Arbeiten mit Farbe einfach komplett durchzudrehen und so viele Farben in ein Gemälde zu packen wie möglich. Allerdings wird das Bild nicht unbedingt besser, je mehr Farben Sie benutzen, und es wird auch nicht unbedingt farbiger. Ich weiß, das klingt seltsam. Darum ist es sinnvoll, etwas über Farben zu wissen.

Jahrhundertelang haben Künstler Farben eher intuitiv eingesetzt. Es ist natürlich wichtig, seinen Instinkten zu vertrauen. Die Wissenschaft kann uns aber helfen, Farbe zu verstehen. Anfang des 19. Jahrhunderts wurde der französische Chemiker Eugène Chevreul in eine Gobelin-Manufaktur gerufen. Es gab Beschwerden, dass die Farben nicht so leuchtend waren, wie sie sein sollten. Chevreuls Untersuchungen ergaben, dass das Aussehen einer Farbe durch die benachbarte Farbe beeinflusst wird. Er bezeichnete dies als das »Gesetz des simultanen Kontrasts«.

Bei Farbe geht es ebenso sehr um Wahrnehmung wie um Realität.

Chevreul hielt diese Idee in einem so genannten Farbkreis fest. Dieser bot Künstlern eine einfache Methode, um festzustellen, wie Farben miteinander wirken. Der Farbkreis funktioniert auch heute noch: Harmonische Farben liegen nebeneinander, während Komplementärfarben einander gegenüberliegen. Es spielt keine Rolle, welche Art von Farbstoff Sie verwenden; die Farben funktionieren immer gleich.

Farbe ändert alles. Sie können Ihr Gemälde fesselnd und dramatisch, glücklich oder traurig machen, sie können ganz für sich selbst bezaubern oder einen Betrachter in eine wunderbar realistische Welt hineinziehen. In diesem Abschnitt schauen wir uns nur einige der Möglichkeiten an, in denen Farbe in Ihrem Gemälde eine bestimmte Wirkung erzielen kann. Sie werden die Farben finden, die für Sie geeignet sind, schließlich hängt es einzig davon ab, was Sie ausdrücken wollen.

Eugène Chevreul
Farbrad | 1861

TECHNISCHER EXKURS

Farbtheorie

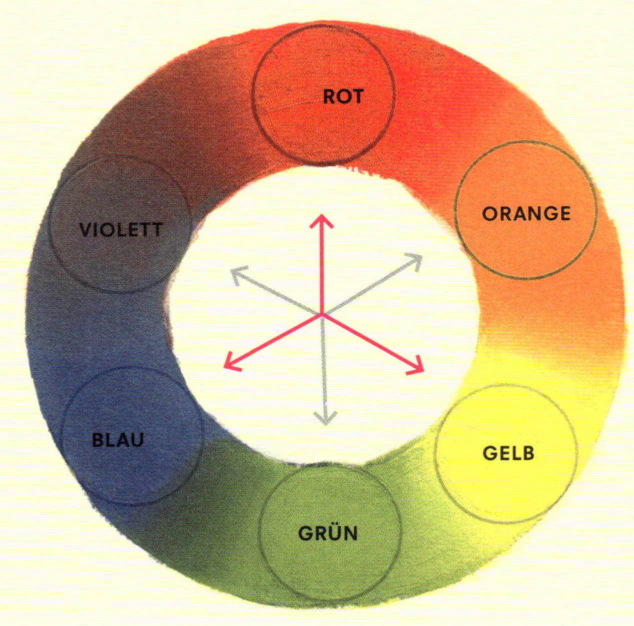

Primärfarben:

Rot, Blau, Gelb

Sekundärfarben:

Orange = Gelb + Rot

Violett = Rot + Blau

Grün = Blau + Gelb

Das Farbrad zeigt uns, wie Farben eingeteilt werden können. Die Primärfarben Rot, Blau und Gelb sind die Grundbausteine: Sie können nicht durch das Mischen von Farben hergestellt werden.

Die Sekundärfarben erhalten Sie, wenn Sie zwei Primärfarben miteinander mischen. (Tertiärfarben entstehen, indem eine Primärfarbe mit derselben Menge einer Sekundärfarbe gemischt wird; aber darum wollen wir uns jetzt nicht kümmern.)

Komplementärfarben

Komplementärfarben bestehen aus einer Sekundärfarbe und einer Primärfarbe, die einander auf dem Farbrad gegenüberliegen. Falls Sie allerdings gerade kein Farbrad bei der Hand haben, sollten Sie sich merken, dass die Komplementärfarbe einer Primärfarbe einfach die Mischung der anderen beiden Primärfarben ist.

Die Komplementärfarbe von Rot ist also Blau + Gelb. Das heißt, Grün.

Doch was machen sie nun? Wenn Komplementärfarben nebeneinandergesetzt werden, verstärken sie einander. Es gibt eine wissenschaftliche Erklärung dafür, die aber ist kompliziert. Der Effekt lässt sich jedoch leicht demonstrieren: Starren Sie eine Minute lang intensiv auf eine Farbe und schließen Sie dann die Augen. Die Farbe, die Sie nun »sehen«, ist die Komplementärfarbe derjenigen, die Sie angestarrt haben.

Künstler nutzen Komplementärfarben, um Gemälde lebhafter und strahlender wirken zu lassen. Designer schaffen mit ihnen auffällige und fesselnde Objekte.

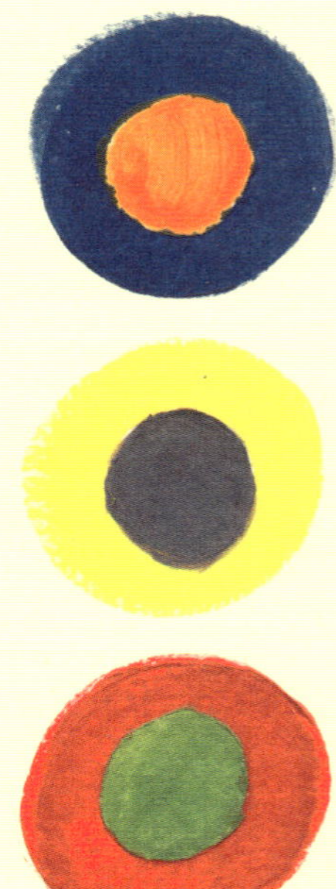

Harmonische/Analoge Farben

Während Komplementärfarben einander auf dem Farbrad gegenüberliegen, sitzen harmonische Farben nebeneinander. Wir können sie in zwei Arten unterteilen: warme Farben und kalte Farben. Zu den warmen Farben gehören die Gelb- bis Rottöne, die kalten Farben reichen dagegen von den Violett- bis zu den Grüntönen.

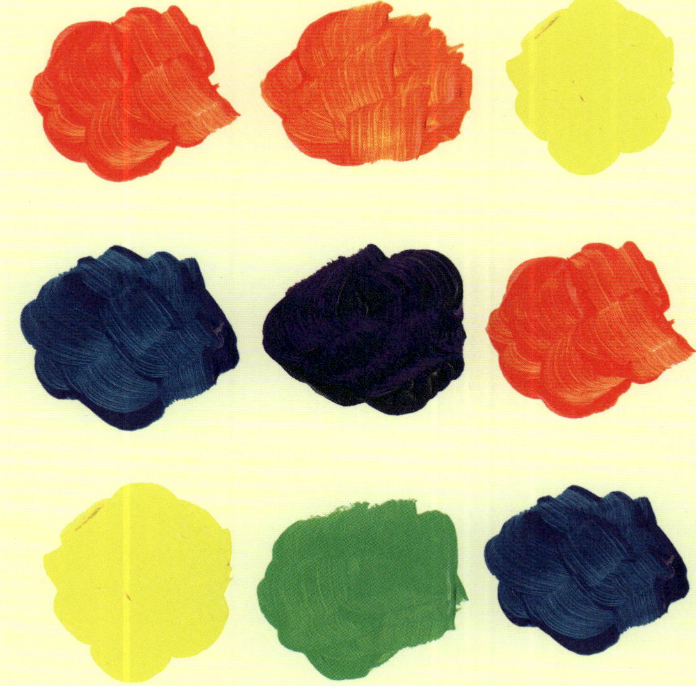

Warme und kalte Farben

Warme und kalte Farben findet man an allen möglichen Orten, sogar in den Schatten. Achten Sie in diesen dunkleren Bereichen auf warme Rot- und Gelbtöne.

Kalte Farben sind rezessiv, was bedeutet, dass sie weiter entfernt zu sein scheinen. Warme Farben dagegen scheinen näher zu sein. Das sollte man z. B. wissen, wenn man eine Landschaft malt.

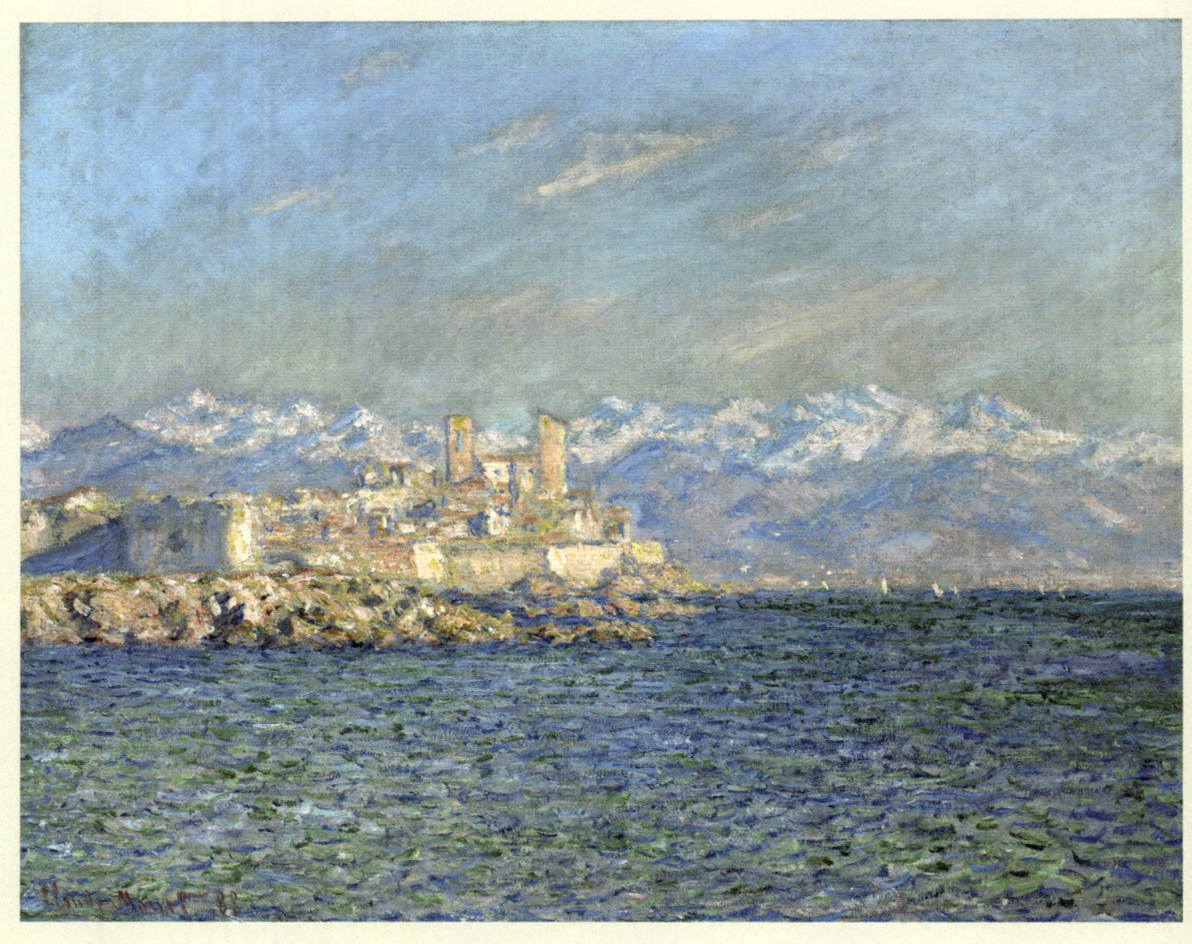

Claude Monet
Antibes am Nachmittag
Öl auf Leinwand | 1888
65,4 x 81 cm

Claude Monet arbeitete in Öl. Wasserfarben lassen sich leichter transportieren, wenn Sie draußen malen, während Öl Ihnen die Möglichkeit bietet, mit dickerer Farbe zu arbeiten und die Oberfläche des Bildes aufzubauen. Die kurzen, abrupten Pinselstriche erlaubten es Monet, unterschiedliche Farben aufzutragen – etwa auf dem Meer –, sodass eine blaugrün schimmernde Wasserfläche entstand.

Licht und Farbe

Claude Monet kannte sich mit Farben aus. Er gehörte zu einer Künstlergruppe, die als Impressionisten bezeichnet wurde und die mit ihren Gemälden den Eindruck (die Impression) des Lichts festhalten wollten, wie sie tatsächlich auftrat – daher der Name. Anders als andere Künstler schufen sie Werke (und stellten sie aus), die sie direkt nach der Natur gemalt hatten. Es wirkte, als hätte man ein Licht eingeschaltet, wenn die Farben plötzlich von ihren kleinen Leinwänden strahlten.

Diese warme mediterrane Landschaft ist voller Licht und Farben. Die sanften Rosa- und Blautöne der Landschaft verschmelzen allmählich zu einem verschwommenen Schimmer und die türkisgesprenkelten Wellen des Meeres halten perfekt den Dunst eines schläfrigen Nachmittags fest. Für Cézanne bestand der Zweck des Lichts darin, die Form zu akzentuieren, für Monet jedoch war Licht etwas, das die Form auflöste und harte Kanten weicher machte.

Das Malen direkt nach der Natur öffnete Monets Augen für die Farben. Eine seiner wichtigsten Entdeckungen war, dass auch die Schatten voller Farben sind. Schauen Sie sich die Stadtmauern in diesem Bild genauer an und Sie erkennen, dass Monet die Schatten in Blau- und Violetttönen gemalt hat. Er verwendet keine dunkle Schattierung, sondern ein blasses Blau, mit dem er das Licht festhält, das von den weißen Mauern reflektiert wird.

Claude Monet wurde von der Arbeit Eugène Chevreuls beeinflusst, vor allem von seinen Theorien über die verstärkenden Effekte der Komplementärfarben. Er nutzt dieses Wissen, wenn er Flecken und Tupfen in senfgelb und orange direkt neben das Blauviolett der Berge setzt, um das Gefühl von Licht und Hitze zu verstärken. Vermutlich hat Monet die Farben sogar leicht verändert, um die Wirkung noch stärker zu betonen.

Verwenden Sie Komplementärfarben, um natürliche Effekte hervorzuheben. Sie können die Farben leicht verändern, müssen also nicht völlig »buchstabengetreu« arbeiten, sondern können die Komplementärfarben überdeutlich machen. Doch genau wie Monet sollten Sie sie sparsam einsetzen: Das menschliche Auge ist empfindlich und schon die leichtesten Andeutungen von Farbe können riesige Auswirkungen haben. Treten Sie auch einmal einen Schritt zurück. Sie müssen den Effekt aus einem gewissen Abstand betrachten, direkt aus der Nähe funktioniert er nämlich nicht.

Winzige Andeutungen von Komplementärfarbe können den Eindruck von Realität verstärken.

Natürlich unnatürlich

Dieses lebhafte Porträt von André Derain zeigt seinen Künstlerkollegen Henri Matisse. 1905 wurden sie Freunde und machten sich auf, die Grenzen der Farbe auszureizen. Sie hatten einen nachhaltigen Einfluss auf die Welt der Malerei und wurden wegen ihres wilden und oft unvorhersehbaren Gebrauchs von Farbe als »Fauves« («die Wilden«) bezeichnet.

Mit gefällt dieses Porträt. Es ist mit seinen weich gemischten Hauttönen nicht realistisch, fängt aber den Charakter und die Persönlichkeit von Matisse mit seinem nachdenklichen Gesicht und seinem abwesenden Blick perfekt ein. Es beweist, dass man sich nicht an die Farben halten muss, die man vor sich sieht, um eine wahrheitsgetreue Darstellung zu erhalten.

André Derain spielte mit der Farbe; er wollte sich nicht auf eine naturalistische Palette beschränken. Seine Farben sind grob und ausdrucksstark und er malt sie in ausgeprägten Blöcken. An manchen Stellen wirken sie fast wie die Teile eines Mosaiks. Schauen Sie sich Matisses rechte Wange an – der Schatten ist ein großer Block aus intensivem Blaugrün, in den das gelbe Glitzern seiner Brille hineinschneidet. Unter seinem linken Auge sind die Farben noch auffälliger mit Flecken aus Rot, Grün und Gelb, die zufällig wirken, aber im Kontext gut funktionieren.

Wie Monet waren sich auch Derain und Matisse der neuen Farbtheorien bewusst, die zu dieser Zeit entwickelt wurden. Derain setzt Grün- neben Rosa- und Violett- neben Gelbtöne. In ihrem Nebeneinander springen sie förmlich von der Leinwand und sorgen für Lebendigkeit.

Das ist kein abstraktes Gemälde. Genau genommen ist es sogar wunderbar real, doch Derains lebhafte Farben bringen es in die Nähe der Abstraktion, machen aus ihm also die Art von Gemälde, die nicht realistisch sein muss.

Farbe muss nicht natürlich sein. Fürchten Sie sich nicht davor, die Farben unverändert zu lassen, sodass sie strahlend und auffallend aussehen. Nicht jede Farbpaarung muss komplementär sein – selbst Derain macht das nicht. Denken Sie einfach an Komplementärfarben und nutzen Sie sie für den besonderen Effekt, sozusagen wie eine Geheimwaffe.

Seien Sie bei Farben erfinderisch.

André Derain
Porträt von Henri Matisse
Öl auf Leinwand | 1905
46 × 34,9 cm

André Derain bewahrt in diesem Porträt die dicke, cremige Konsistenz der Ölfarbe. Er versteckt oder kaschiert seine Pinselstriche nicht. Das ist vergleichbar mit Lucian Freud, allerdings setzt Derain viel kürzere Pinselstriche, um die Farben auseinanderzuhalten.

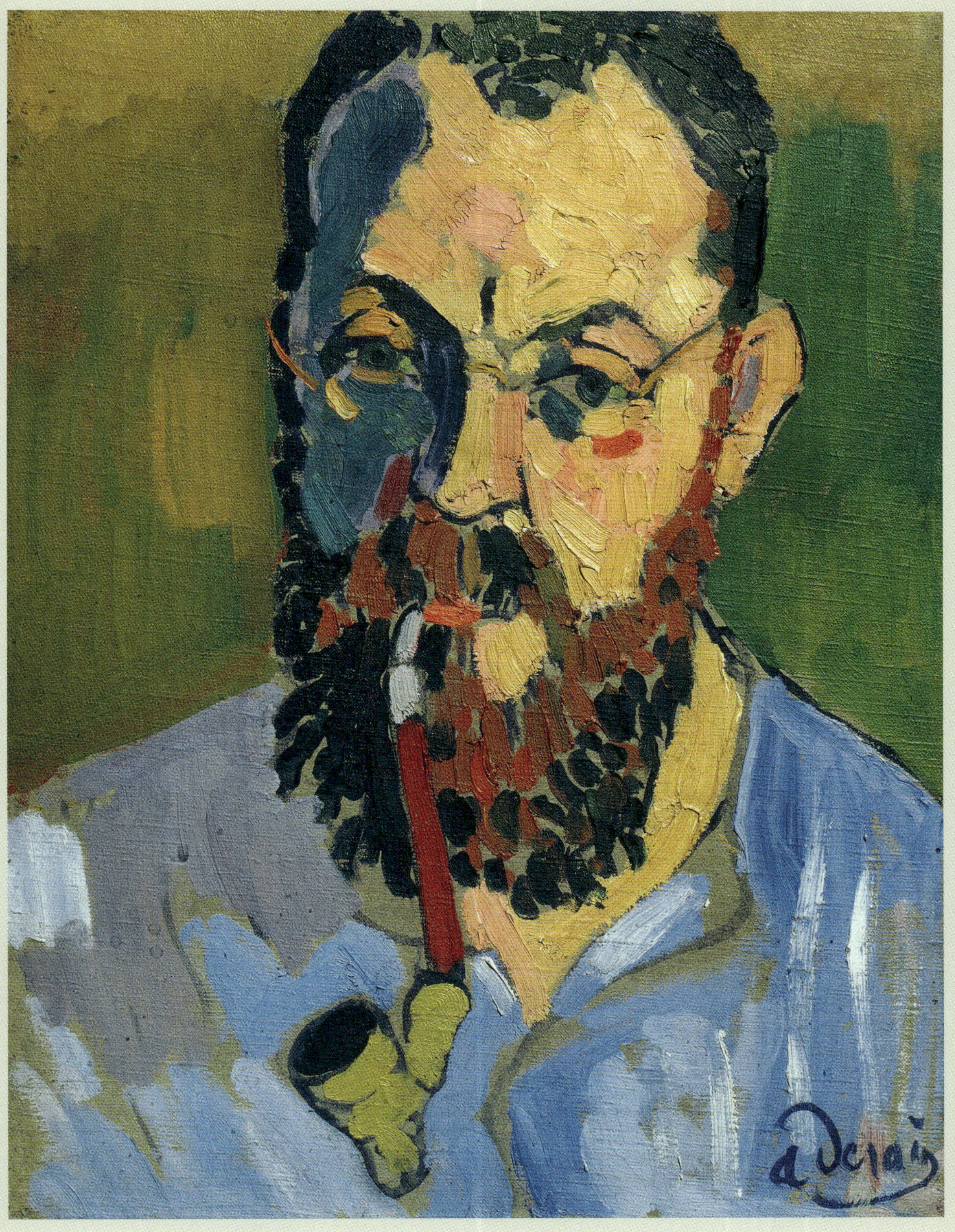
a Derain

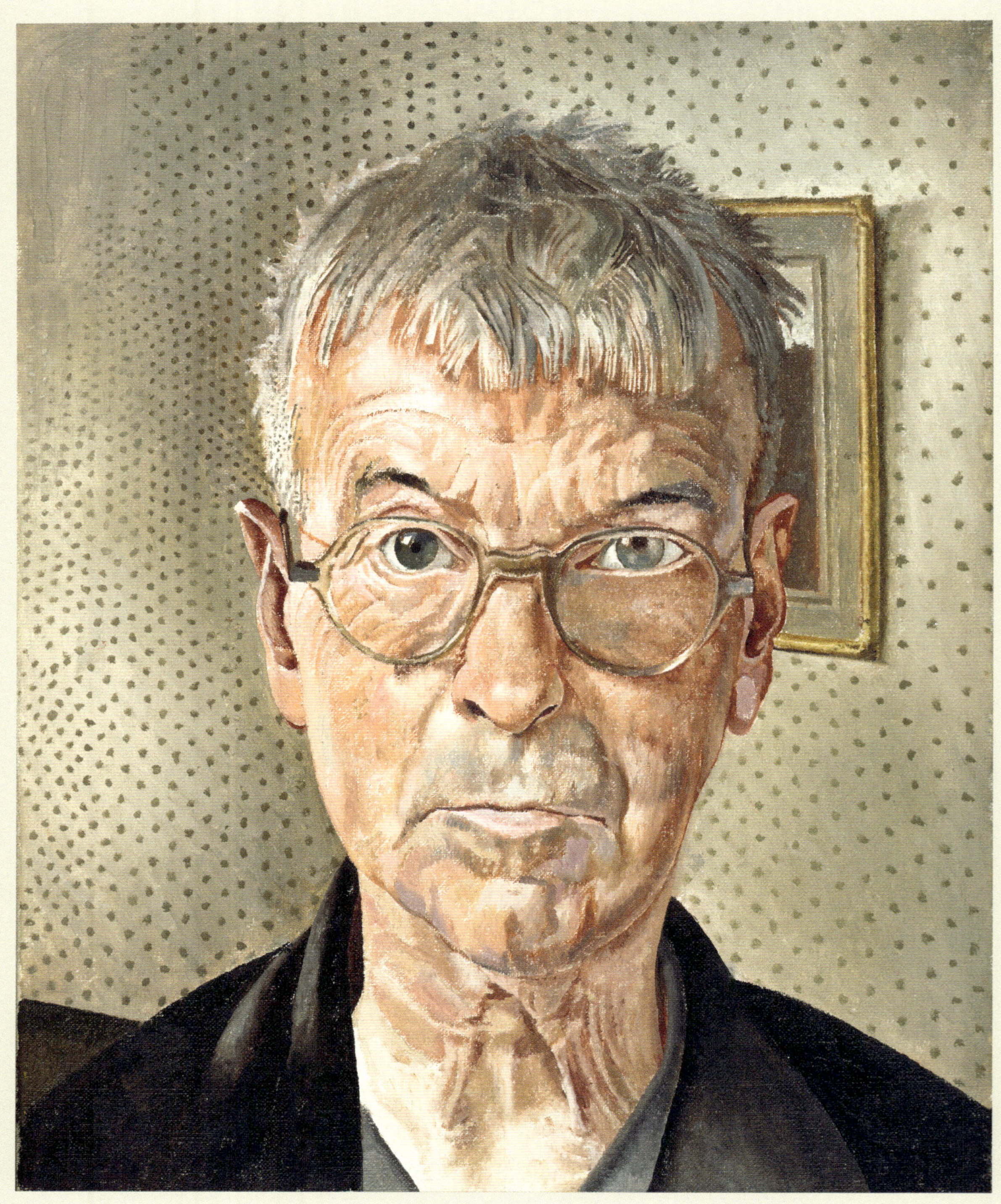

Stanley Spencer
Selbstporträt
Öl auf Leinwand | 1959
50,8 x 40,6 cm

Sanfter Umgang mit Farbe

Dieses Selbstporträt von Stanley Spencer steht in krassem Gegensatz zu André Derains Porträt von Henri Matisse. Beide zeigen eine einfache Komposition: von vorn mit einem direkten Blick auf den Betrachter. Spencer will allerdings kein aufregendes, farbenprächtiges Bild schaffen; er wünscht eine ehrliche, unerschrockene Betrachtung seiner selbst, natürlich und ganz normal.

Spencer malte dieses Porträt nur wenige Monate vor seinem Tod. Er stellte es innerhalb weniger Tage während des Besuchs bei einem Freund fertig, bei dem er einen Schlafzimmerspiegel im Wohnzimmer aufstellte. Spencers kurzes, graues Haar sitzt über seinem geröteten Gesicht mit seinen Runzeln und Falten. Seine durchdringenden grünen Augen, das linke vom Alter getrübt, sind durch die Brille vergrößert. In diesem Gemälde liegt eine wunderbare, unbefangene Ehrlichkeit, die mit den Farben beginnt.

Die Hauttöne in diesem Porträt bestehen aus Rosa-, Malven- und Violetttönen, alle leichte Abwandlungen von Rot. Anklänge von Blau und Weiß schwächen deren Intensität ab und lassen sie gedämpfter und weicher erscheinen – im Einklang mit der Gesamterscheinung des Bildes. Es liegt etwas überwältigend Sanftes in diesem Porträt. Das natürliche Licht vom Fenster ist hell, aber weich, ohne dramatischen Kontrast, wie an einem bewölkten Tag. Das ganze Porträt zeugt von Stanley Spencers ruhiger Selbstwahrnehmung am Ende seines Lebens.

Selbst mit einem engen Farbspektrum und einer eingeschränkten Palette erschafft Spencer natürliche Hauttöne, die perfekt die Konturen und Formen seines Gesichts nachbilden. Die Blau- und Blaugrautöne in den Schatten und um den Mund herum sind wichtig für den Realismus der Hauttöne. Schauen Sie genau hin, denn es ist immer wieder überraschend, aus welchen ungewöhnlichen Farben die Hauttöne bestehen.

Zarte Abwandlungen einer Farbe ergeben eine wirkungsvolle Breite an Farbtönen.

Die Farbe ist hier nicht so stark aufgetragen wie in André Derains Porträt, dennoch unterteilt Stanley Spencer das Gesicht in deutlich abgegrenzte Farbbereiche. Dieser Effekt ist mit Öl etwas leichter zu erreichen; Sie können sehen, wo Spencer eine hellere auf eine dunkle Farbe gemalt hat.

Höchst komplementär

Farbe ist der Star dieses Gemäldes. Der leuchtend gelbe Himmel und die dichten Schwaden violetter Wolken könnten auch eine außerirdische Landschaft in einer Star-Trek-Episode sein. Das kleine Segelboot verliert sich unter dem dramatisch wirbelnden Himmel und dem tiefen, stimmungsvollen Wasser.

Claude Monet verwendete Farbe, um ein Gefühl von Realität festzuhalten, indem er vorsichtig Komplementärfarben nebeneinandersetzte, um die Wirkungen des Lichts zu verstärken. Nolde war mit seinen Farben weniger vorsichtig. Er nutzte Komplementärfarben für spannungsreich aufgeladene Gemälde.

Emil Nolde war fasziniert von Meer und Himmel und kehrte immer wieder dorthin zurück, um ihre stetige Veränderung bestmöglich festzuhalten. In diesem Gemälde lässt Nolde die Aquarellfarben sich frei auf dem feuchten Papier ausbreiten, um die unkontrollierbare Macht der Elemente einzufangen.

Aquarell- oder Wasserfarben sind eigentlich nicht bekannt für ihre kräftigen Farben, doch bei Emil Nolde zeigen sie eine tintenartige Intensität. Violett- und Blautöne breiten sich vor Orange und Gelb aus, die nachgerade vor Reichhaltigkeit vibrieren. Nolde schafft das auf zwei Arten. Er achtet darauf, dass die Farbe nicht zu sehr verdünnt wird und – was noch wichtiger ist – macht sich die Stärke von Komplementärfarben zunutze. Gelbliches Orange vor bläulichem Violett stärken und betonen einander. Dabei überlädt Nolde das Bild nicht mit allzu vielen anderen Farben, da dies die Wirkung schwächen würde.

Komplementärfarben können sehr mächtig sein und das Gefühl von Dramatik in einem Bild verstärken bzw. die Aufmerksamkeit lenken. Doch damit das funktioniert, müssen Sie wie Nolde Ihre Palette beschränken. Nolde benutzte nicht besonders viele Farben – nur Gelb, Rot und Blau. Hätte er versucht, zu viele Farben in das Gemälde zu packen, dann hätten sie sich vermischt und wären matschig oder ganz einfach wirkungslos geworden, weil sie miteinander konkurriert hätten. Wie immer sind Dinge, die kompliziert aussehen, im Prinzip ganz einfach.

Komplementärfarben können für Intensität sorgen, aber übertreiben Sie es nicht.

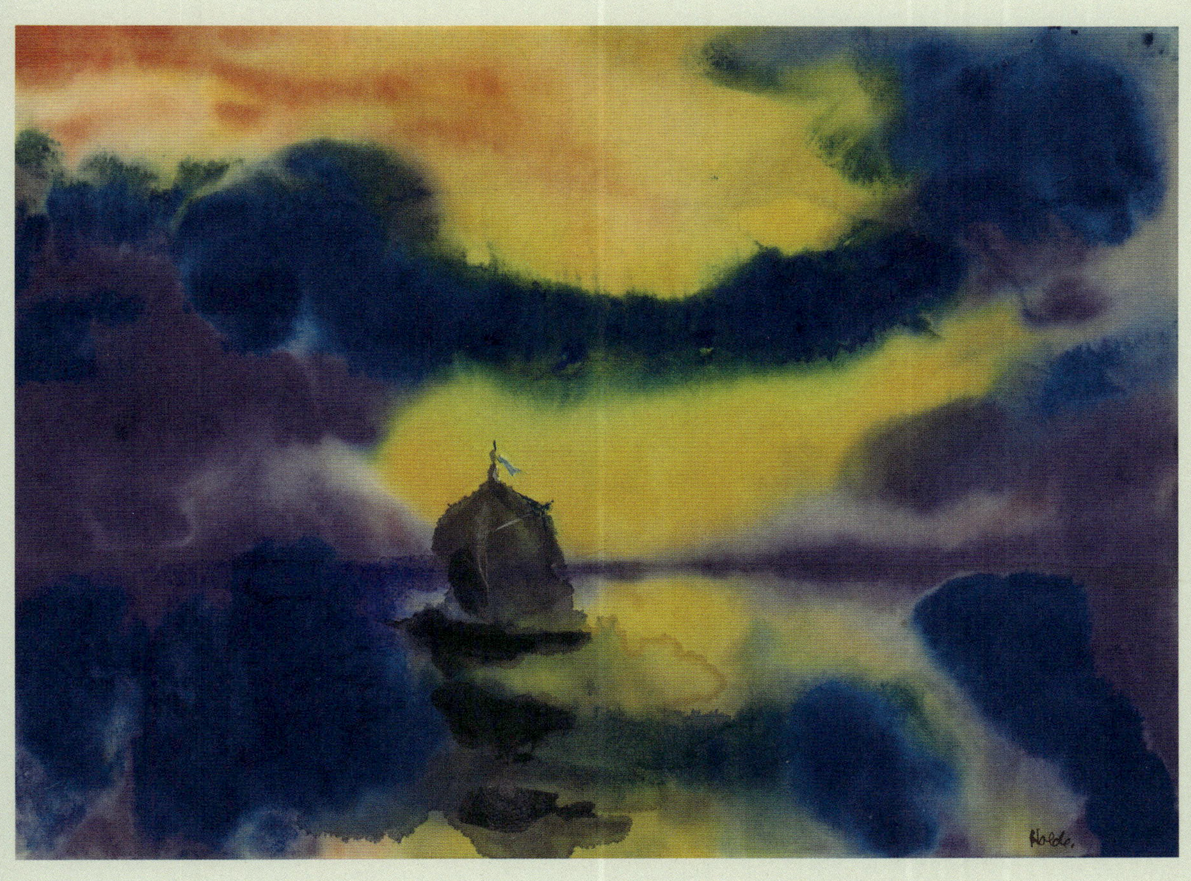

Emil Nolde
Meer mit Abendhimmel und Segelboot
Aquarell auf Papier | 1930
33,7 x 45,5 cm

Aquarellfarben aus der Tube eignen sich gut für diese Art von Arbeit, da Sie mehr Farbe und entsprechend mehr Pigment erhalten, als wenn Sie Tiegel benutzen. Acrylfarben gab es noch nicht, als Nolde diese Szene malte, aber ich glaube, wegen der leuchtenden Intensität der Farben, die man mit ihnen erzielen kann, hätte er sie verwendet.

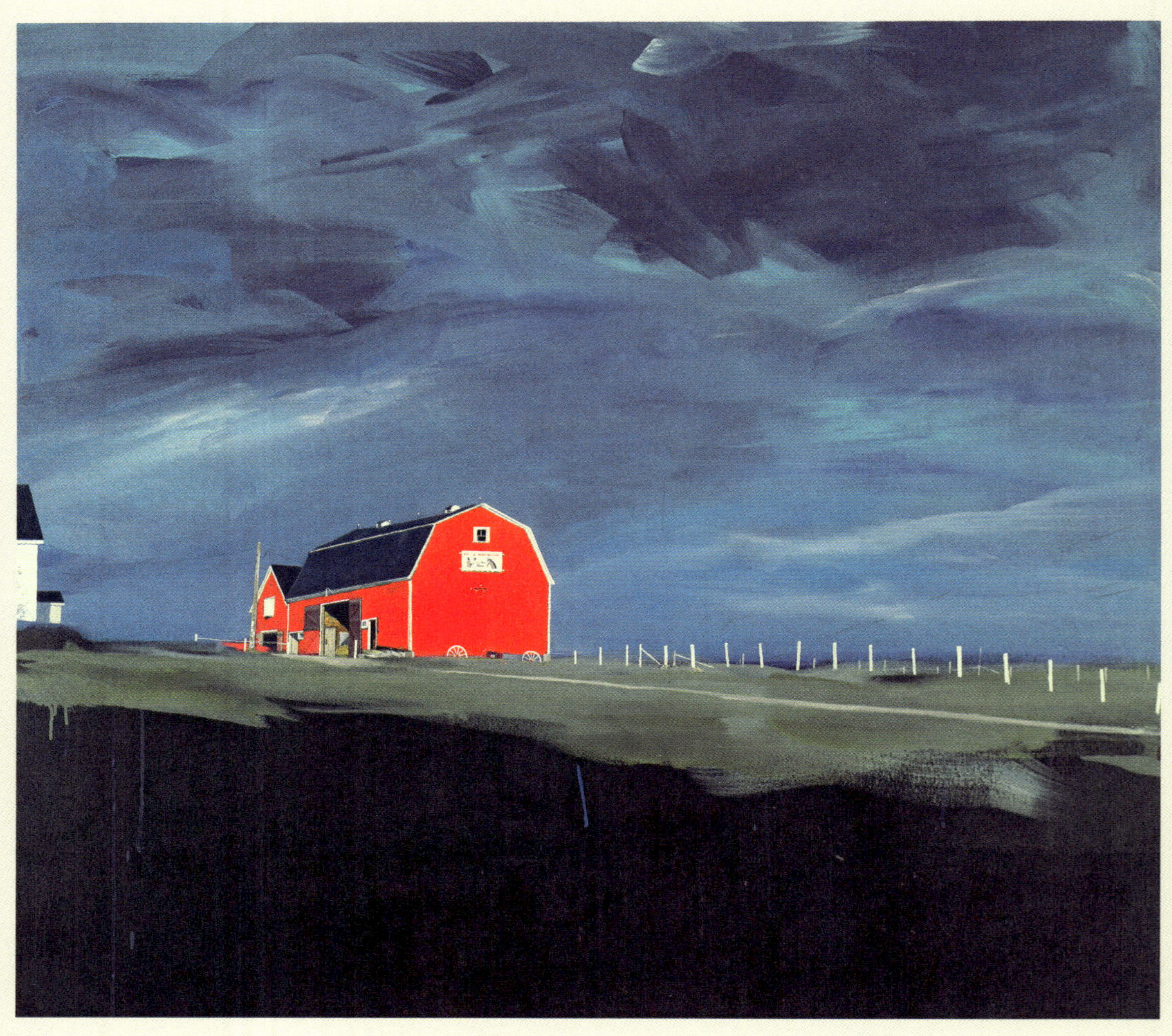

Ben Schonzeit
Rote Scheune
Acryl auf Leinwand | 1985
137,2 x 152,4 cm

Acrylfarbe eignet sich für leuchtende Farben, doch dieses Gemälde beweist auch, wie vielseitig sie ist. Die weichen, gedämpften, naturalistischen Farben von Himmel und Gras stehen in direktem Gegensatz zum leuchtenden, auffälligen Rot der Scheune.

Beziehen Sie Stellung

Eine knallrote Scheune steht auf einem windgepeitschten Feld. Ein großer, dunkler Schatten liegt über dem Vordergrund, die weißen Pfosten eines Zaunes, die zu der Scheune führen, heben sich leuchtend vor dem stürmischen, blaugrauen Himmel ab.

Manche Farben gelten eher als »laut« , andere dagegen als »still« oder gedämpft, als hätten Farben eine Lautstärke. Ben Schonzeit kontrolliert diese Lautstärke bzw. Intensität ganz geschickt und verleiht seinem Gemälde damit eine starke visuelle Wirkung. Wenn Stanley Spencers Selbstporträt wie ein Flüstern in einer Bibliothek war, ist Schonzeits Bild in etwa so, als würde jemand aus vollem Hals »Feuer« schreien. Und er lässt uns nicht im Zweifel darüber, worauf der Fokus in diesem Gemälde liegt!

Ben Schonzeits Scheune schreit uns von der Leinwand förmlich an. Die Komposition schafft es, unsere Aufmerksamkeit zu lenken, besonders mächtig ist Schonzeits geschickter Einsatz der Farben.

Es beginnt mit dem Rot, ein leuchtendes Pigment wie Karmesinrot, das er durch keinen Zusatz abschwächt. Doch Schonzeit manipuliert auch unsere Wahrnehmung der Helligkeit, indem er alle anderen Farben im Bild mit Ausnahme des leuchtenden Rots dämpft. Wir haben gesehen, wie der strategische Einsatz von Komplementärfarben sie leuchtender wirken lässt, doch das Ändern der Intensität der Farben in Ihrem Gemälde kann ebenso wirkungsvoll sein.

Fotografen setzen diesen Trick in Photoshop ein: Sie reduzieren die Sättigung von Farben, machen sie stiller und weniger intensiv, sodass eine akzentuierte Farbe richtig aus dem Bild hervorsticht.

Stellen Sie sich für einen Augenblick vor, der Himmel wäre leuchtend blau und das Gras wäre kräftig grün. Die Scheune würde sich einfach verlieren. Wenn Sie beim Betrachten Ihres fertigen Bildes das Gefühl haben, dass zu viele Dinge um Ihre Aufmerksamkeit konkurrieren, liegt das oft daran, dass alle Farben die gleiche Intensität besitzen. Manchmal brauchen Sie nur einige zu dämpfen, um eine andere zur Geltung zu bringen.

Verleihen Sie Ihrem Gemälde visuelle Kraft, indem Sie eine Farbe hervorheben.

Farbe kann cool sein! Oder auch nicht!

Eine weiß gekleidete Frau genießt an einem heißen Tag einen kühlen Schatten. Sie lehnt sich zurück und dreht ihren Kopf ein wenig, um mit ihrer Freundin zu sprechen, die fast unsichtbar im Schatten hinter ihr sitzt. Lediglich deren Schulter liegt strahlend orange im Sonnenlicht.

Dieses Aquarell von John Singer Sargent zeigt ein reiches Wechselspiel zwischen kühlen und warmen Farben. Die junge Dame in Weiß ist in ihrem prächtigen weißen Kleid und Hut der Fokus dieses Gemäldes. Doch der eigentliche Star dieses Bildes ist das gesprenkelte Licht.

Sargent arbeitete schnell, um diesen Augenblick festzuhalten und nutzte die Farben wie Monet, um die natürlichen Wirkungen des Lichts zu verstärken. In diesem Bild erzeugt er das Gefühl von hellem Sonnenlicht, indem er warme und kalte Farben gegeneinander ausspielt und eine sehr einfache Palette verwendet – im Prinzip bieten Blau- und Grüntöne, kombiniert mit Rot- und Gelbtönen sowie dem ausladenden weißen Hut und dem wallenden Kleid der jungen Dame die perfekten Mittel, um das Wechselspiel der warmen und kalten Farben zu erkunden.

Die verschiedenen Farbtemperaturen können einen ganz eigenen Effekt auf Ihr Bild ausüben.

Abgesehen von den Spitzlichtern ist das Kleid entweder in einem weichen Rosagrau oder einem sanften Blaugrau gehalten, die allerdings denselben Tonwert haben (wäre dies eine Schwarzweißdarstellung, wäre kein Unterschied zwischen der linken und der rechten Seite des Kleides). Sargent mischt ein Grau (nicht Schwarz und Weiß), wobei er für die warmen Rosatöne ein bisschen mehr Rot und für die kälteren Schatten ein bisschen mehr Blau verwendet. Es wird nicht heller oder dunkler, sondern wechselt lediglich die Farbe von Rosa zu Blau.

Der dunkle Hintergrund ist locker und unaufgelöst und zeigt deutlich weniger Details. Sargent verwendet genau die gleiche Palette, allerdings weniger verdünnt, sodass die Farben intensiver bleiben. Diese dunkle Kulisse betont den Eindruck von Licht auf dem Kleid – es scheint fast zu leuchten.

Genau wie Monet sah Sargent dies alles draußen unter natürlichem Licht. Vertrauen Sie Ihrem Auge, vertrauen Sie dem, was Sie sehen, und fürchten Sie sich nicht davor, ein bisschen zu übertreiben.

Blau und Grün ergeben kalte Farben, Rot und Gelb ergeben warme Farben.

John Singer Sargent
Damen im Schatten: Abriès
Aquarell auf Papier | 1912
53,3 x 40 cm

John Singer Sargent war ein Meister darin, die flüchtigen Effekte des Lichts festzuhalten, und genau dies passiert in diesem frischen Aquarell. Wasserfarben erlaubten es Sargent, schnell zu arbeiten.

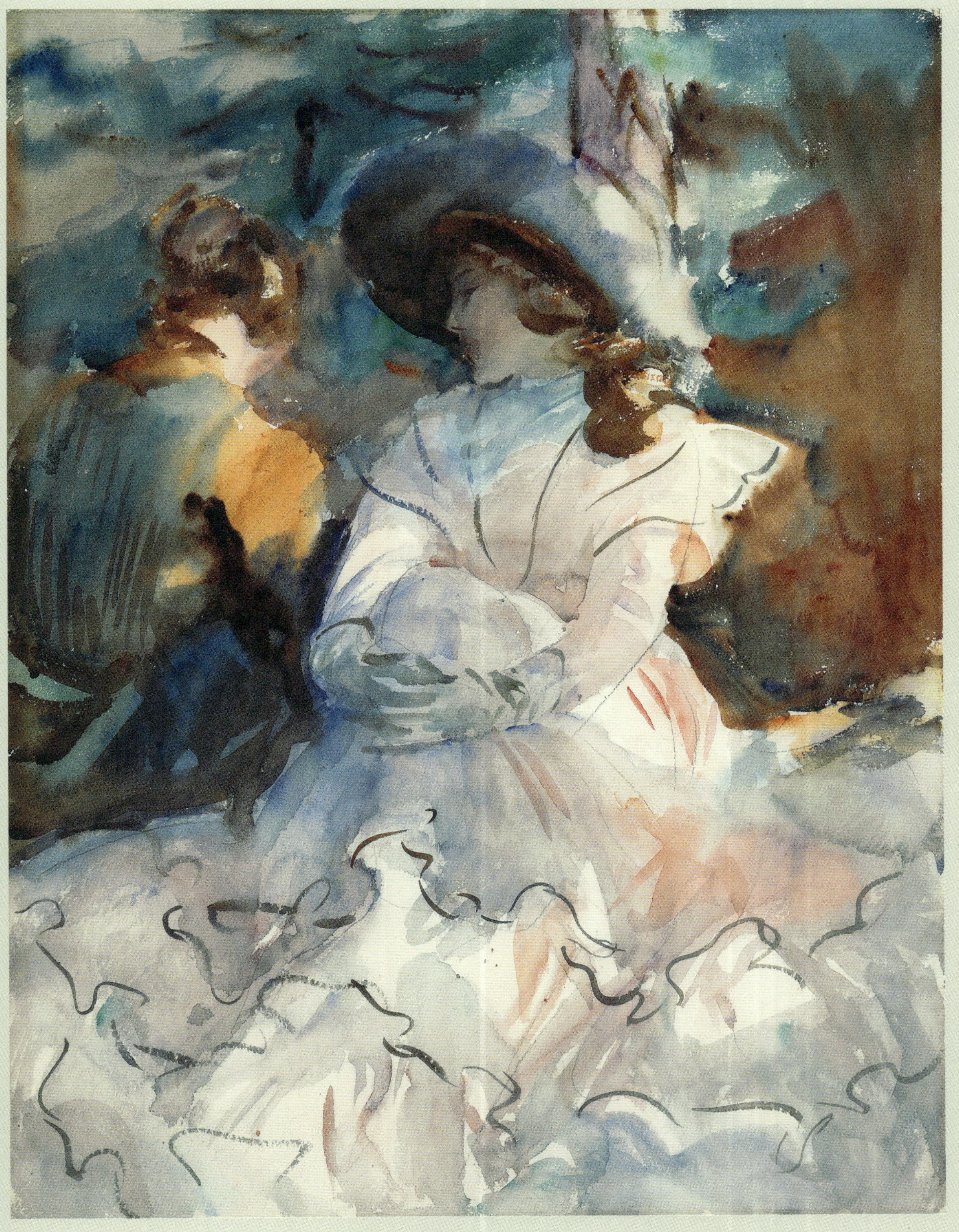

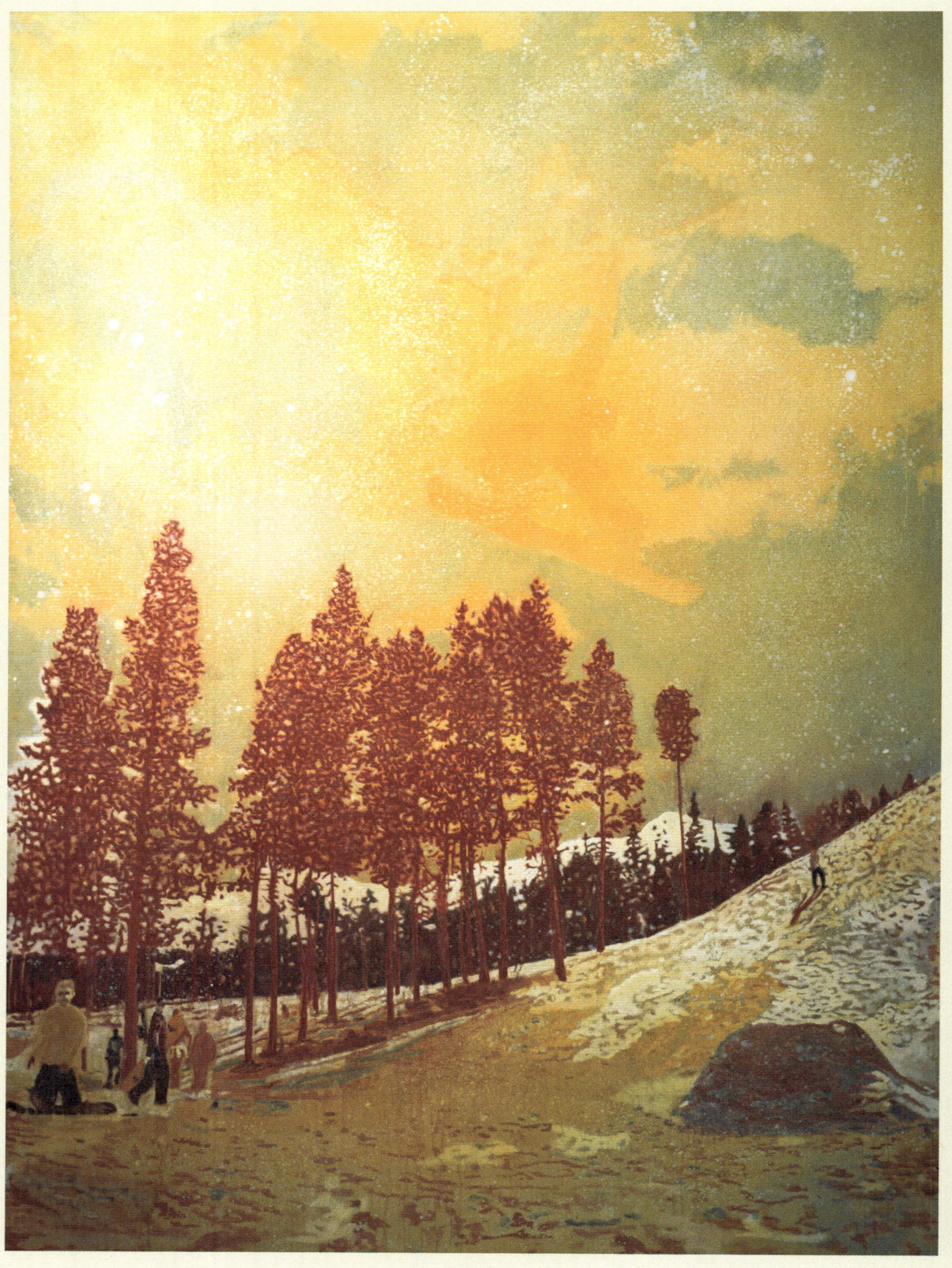

Seien Sie Ihren Freunden nahe, doch Ihren Farben noch näher

Farben müssen nicht kontrastierend oder komplementär sein. Farben, die auf dem Farbrad näher beieinander liegen, erzeugen eine harmonischere Wirkung. In Peter Doigs Gemälde *Orange Sunrise* verleihen diese harmonischen Farben dem Gemälde eine traumartige Qualität.

Die Szene wirkt altmodisch, fast wie ein altes romantisches Gemälde, mit dem weiten Himmel, den Bergen und der eindrucksvollen Baumreihe. Bei genauerem Hinsehen jedoch bemerken wir Snowboarder. Sie sind klein und verschwinden fast in der orangefarbenen Landschaft, aber ihre Gegenwart zieht uns zurück in das Hier und Jetzt.

Doig verwendet Fotos und sein Gedächtnis als Referenz. Nach seinen Jugendjahren in Kanada nehmen Schnee, Snowboard- und Skifahren viel Raum in seinen Erinnerungen ein und dieses Bild blickt mit einer gewissen Nostalgie auf diese Zeit zurück. Er nimmt bewusst Abstand von den natürlichen Farben, die wir für eine verschneite, von Bäumen gesäumte Berglandschaft vermuten würden, um dieses Gefühl von Nostalgie zu verstärken. Als dominierende Farben wählte er Rot-, Orange- und Gelbtöne, sodass das Bild wirkt, als würden wir es durch eine rosa Brille betrachten.

Das Arbeiten mit harmonischen Farben sollte eigentlich instinktiv sein, aber Sie können natürlich das Farbrad zur Unterstützung hinzuziehen. Peter Doig benutzt Rot und Gelb, aber Sie können natürlich jede Kombination verwenden. Wie bei Doig muss Ihre Farbwahl nicht »realistisch« im herkömmlichen Sinne sein. Wählen Sie einfach eine Ausgangsfarbe – z. B. Blau – und entfernen Sie sich auf dem Farbrad nicht zu weit davon.

Seien Sie sich bewusst, dass Farbe eine emotionale und psychologische Wirkung auf den Betrachter ausübt. Die analogen Farben, die Sie benutzen, erzeugen also ein ganz eigenes »Gefühl« oder eine Stimmung. Das ist ein bisschen subjektiv und auch wieder instinktiv, aber viele Künstler haben mit den emotionalen Merkmalen von Farbe gespielt. Sie treffen hier einen der besten.

Harmonische Farben verleihen Ihrem Gemälde eine ganz eigene Atmosphäre.

Peter Doig
Orange Sunrise
Öl auf Leinwand | 1995
276 x 201 cm

Dieses Gemälde ist mehr als 2,70 m hoch: Das ist ungefähr die Deckenhöhe in einem normalen Haus. Ölfarbe eignet sich gut für große Gemälde, da sie die Fülle besitzt, ihre Farbe über einen großen Bereich zu halten. Doig verdünnt seine Farben mit Terpentin. Das hilft beim Abdecken der Leinwand, unterstützt ihn aber auch beim Übereinanderschichten der dünneren Farbe und somit beim Erzeugen der Lichteffekte in diesem Gemälde.

Es war emotional

Edvard Munch war ein norwegischer Maler, der seine Gemälde mit Emotionen anfüllte. Sie sind voller einfacher Formen und Figuren und Farben, die eine oft eigenartige und verstörende Botschaft vermitteln. Er malte eher die innere Welt der Seele als die äußere Welt des Alltags.

Munch entwickelte in seinen Gemälden eine ausdrucksvolle Sprache. Er entfernte das ganze natürliche Licht und das realistische Gefühl von Tiefe und Form und kam zu einem Malstil, bei dem glatte, vereinfachte Formen und bleiche Farben einen emotionalen und psychologischen Zustand symbolisierten. Farbe war ein integraler Bestandteil der Bedeutung und des Gefühls, die er in seinen Gemälden ausdrücken wollte.

Es ist kein Geheimnis, welche Emotion Munch in diesem Bild vermitteln will – er verrät es schon im Titel. Die verhaltenen und ernsten Blau- und Violetttöne spiegeln die Gedanken unseres unglücklichen Protagonisten wider, der mit leerem Blick, den Kopf in die Hand gestützt, vor sich hin starrt, verloren in seiner eigenen Welt. Der Grund für seine Melancholie zeigt sich in der Ferne: eine Frau in weiß mit einem anderen Mann. Unerwiderte Liebe. Unser Freund in diesem Gemälde fühlt sich deprimiert.

Der emotionale Zustand soll hier nicht verharmlost werden, aber es hat sicher seinen Grund, weshalb dieser Gemütszustand im Englischen als »feeling blue« bezeichnet wird.

Denken Sie bei der Auswahl Ihrer Palette an die emotionale Wirkung, die diese in Ihrem Gemälde erzielen wird, vor allem, wenn Sie wie Edvard Munch mit Ihrem Bild eine Geschichte erzählen oder eine bestimmte emotionale Reaktion bei Ihrem Publikum auslösen möchten. Wärmere Farben (Rot, Gelb, Orange) sind energiegeladen. Das kann positiv, fröhlich und quirlig wirken, andererseits aber auch Ärger und Feindseligkeit ausdrücken. Kältere Farben (Blau, Grün) sind ruhig und gleichmütig, bedeuten aber auch Traurigkeit und Melancholie.

Farbe und Emotion gehen Hand in Hand.

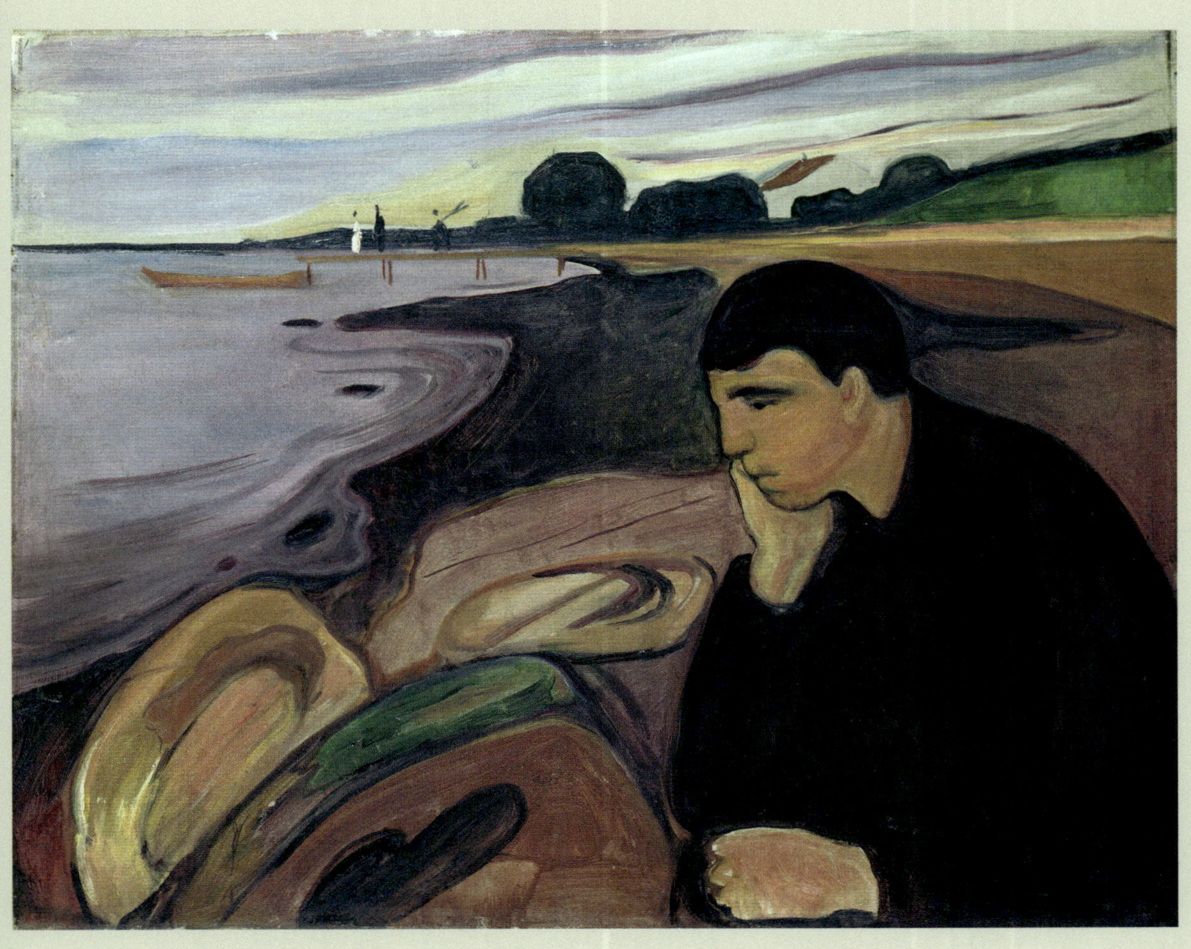

Edvard Munch
Melancholie
Öl auf Leinwand | 1891
81 x 100,5 cm

Edvard Munch möchte eher eine Emotion ausdrücken, als sich an technische Konventionen zu halten. In diesem Werk verwendet er Ölfarben in verschiedenen Konsistenzen. Meist verdünnt er die Farbe mit Terpentin, um dann weitere Schichten darüber zu malen. So erzeugt er ein sanftes Leuchten in den Farbbereichen hinter der Hauptfigur, kann aber auch einige der dynamischeren Pinselstriche sichtbar machen, mit denen die Felsen im Vordergrund aufgebaut sind.

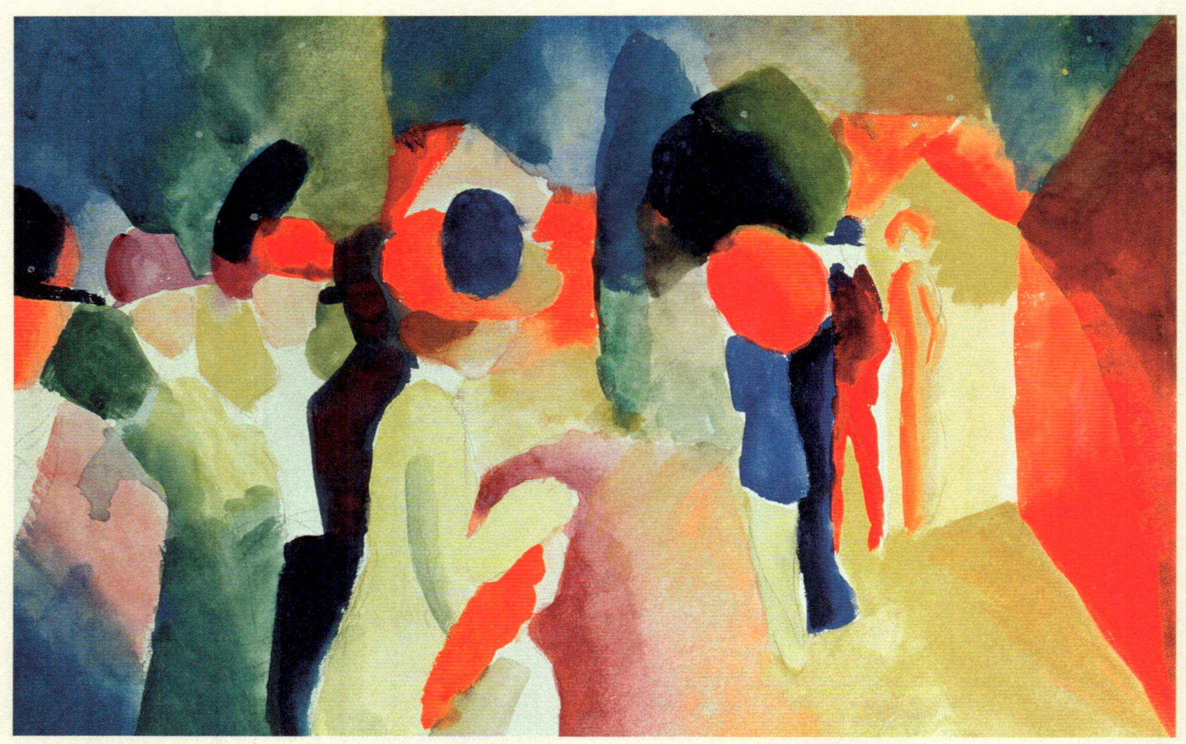

August Macke
Mit gelber Jacke
Aquarell auf Papier | 1913
228 x 28,9 cm

Normalerweise assoziieren wir Aquarelle nicht mit leuchtenden, intensiven Farben. August Macke schafft es jedoch, dieses Gemälde mit einer klaren Reinheit an Farben förmlich singen zu lassen. Fast scheint es, wir würden ein Buntglasfenster betrachten. Haben Sie Geduld und achten Sie darauf, dass Ihre Farben trocken sind, vor allem wenn Sie Wasserfarben verwenden, vor allem weil Sie sie nicht noch einmal überarbeiten können.

Strahlend und wunderschön

August Macke bringt eine Menge Farben in sein lebhaftes Gemälde. Die intensiven, strahlenden Farben sind wunderbar arrangiert, fast wie die Klänge einer überschwänglichen Sinfonie.

Macke war Expressionist. Expressionismus ist ein sehr weit gefasster Kunstbegriff. Anfang des 20. Jahrhunderts entfernten sich Künstler von der traditionellen, realistischen Malerei hin zu einem Stil, bei dem Farbe, Form und sogar die Pinselführung Mittel einer direkteren, emotionaleren und ehrlicheren Form der Kunst waren. August Macke war jedoch nicht so voller Lebensangst wie Edvard Munch; er war fasziniert von der Farbe und nutzte sie mit einer leuchtenden Brillanz.

Nehmen Sie sich Zeit beim Betrachten dieses Bildes. Was auf den ersten Blick wie eine zufällige Ansammlung von Formen aussieht, entpuppt sich schließlich als eine quirlige Menge von Figuren. Macke reduziert diese Figuren auf einfache, ineinandergreifende Formen. Er interessiert sich nicht für sie als Charaktere; sie sind nur Formen.

Es gibt in diesem Bild nicht viele Farben, jedoch sind sie geschickt angeordnet. Komplementärfarben mit harten Rändern stehen nebeneinander und stärken sich gegenseitig. Nehmen Sie z. B. die gelbe Jacke, die vor dem tiefen Violett der dahinterliegenden Silhouette steht. Andere stehen harmonisch neben ihren Farbnachbarn: Sie sehen, wie Rot, Orange und Gelb auf der rechten Seite zusammenwirken und sich mischen.

Das alles ist scheinbar einfach, doch um eine kühne und intensive Farbgebung zu erreichen, müssen Sie genau planen. Vergessen Sie nicht, das Farbrad zurate zu ziehen.

Eine sorgfältige Anordnung liefert ein wunderbares Ergebnis.

TECHNISCHER EXKURS

Tonwerte

Ist Schwarz eine Farbe? Ja.

Und das beste Schwarz stammt nicht aus einer Tube, sondern wird von Ihnen selbst gemischt. Ein dunkles Blau und ein Braun oder tiefes Rot erzeugen ein tiefes, reiches und interessantes Schwarz. Wenn Sie Weiß hinzugeben, erhalten Sie natürlich Grau, doch dieses Grau kann entweder leicht rötlich, also wärmer, oder eher blau, also kälter, aussehen.

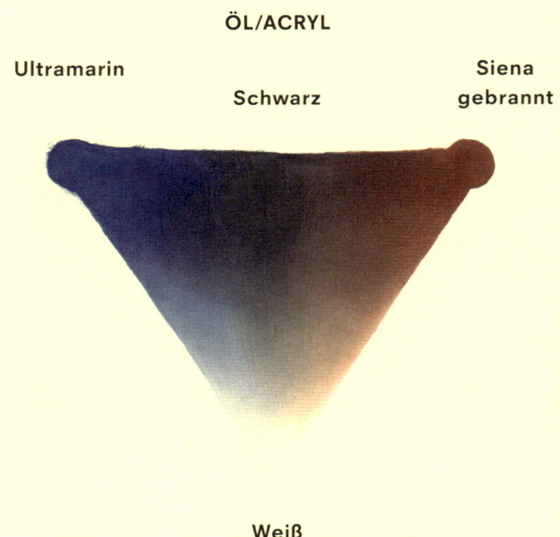

Abdunkeln und Aufhellen

Das Hinzufügen von Weiß, Schwarz oder Grau verringert die Sättigung einer Farbe. Sie kennen das vielleicht vom Herumspielen mit den Filtern bei Ihren Fotos – sie verringern die Intensität einer Farbe. Und das ist also gemeint, wenn man vom »Abtönen« einer Farbe spricht. Fügt man Weiß hinzu, spricht man vom Aufhellen, während das Hinzufügen von Schwarz als Abdunkeln bezeichnet wird.

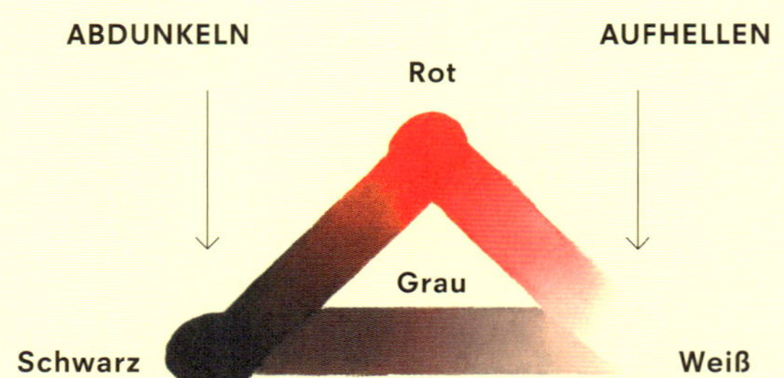

SCHWARZ AUS DER TUBE:

Davon gibt es einige. Lampenruß (leicht blau), Elfenbeinschwarz (leicht braun) und Marsschwarz (neutral). Wenn Sie erst am Anfang stehen, müssen Sie kein vorgefertigtes Schwarz aus der Tube benutzen. Es kann Gemälde zerstören, sie leblos aussehen lassen. Ich glaube, es ist besser, dunkle Töne mit Blau-, Rot- und Brauntönen herzustellen. Manche Künstler schwören allerdings darauf und es kann durchaus nützlich sein, wenn man es – sparsam eingesetzt – zum Ändern der Intensität von Farben benutzt.

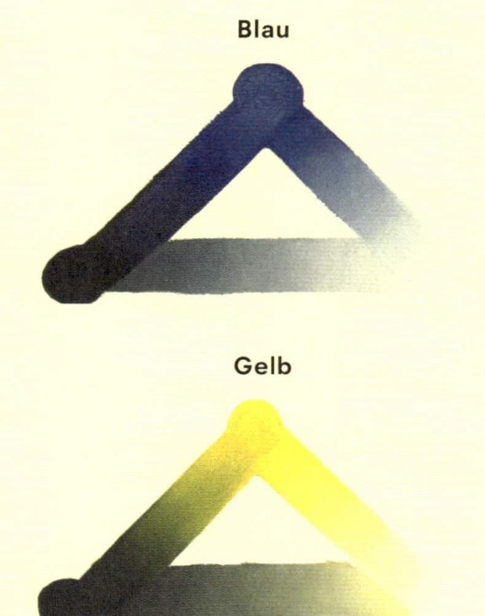

Bei Aquarellfarben setzen Sie einfach mehr Wasser hinzu, um die Farben aufzuhellen. Sie können Wasserfarben aber auch mit weißer Acryl- oder Gouachefarbe mischen, um sie aufzuhellen. Sie werden bemerken, dass stärker verdünnte Aquarellfarben eine gewisse Brillanz bewahren – dies liegt an dem Papier, das stärker durchscheint. Weiße Acrylfarbe macht die Farbe etwas schwerer und kreidiger im Aussehen, da sie undurchlässig wird. Sie verleiht aber auch einen gleichmäßig hellen Ton.

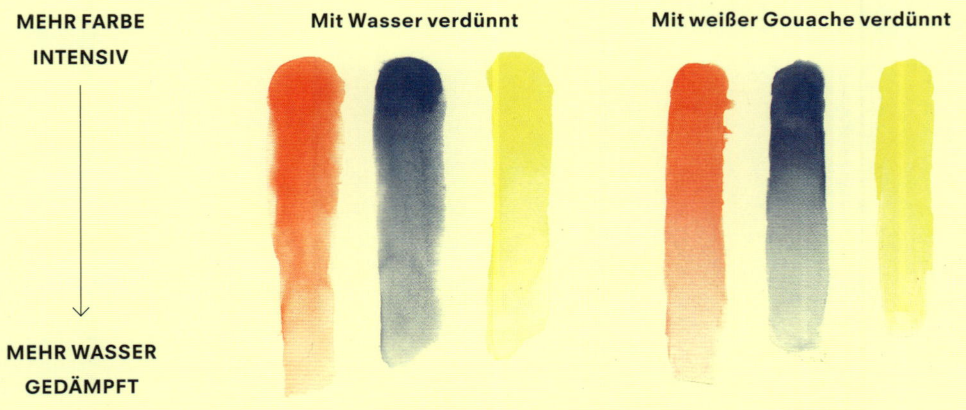

Wie bei Öl- und Acrylfarbe ergibt das Mischen von Dunkelblau mit Rot oder Rotbraun Schwarz. Verdünnt mit Wasser erhalten Sie Grau.

Das ist Schwarz aus einem Aquarelltiegel. Verdünnt mit Wasser erhalten Sie ebenfalls Grau, das aber nicht so interessant aussieht, als wenn Sie Ihr eigenes Grau mischen.

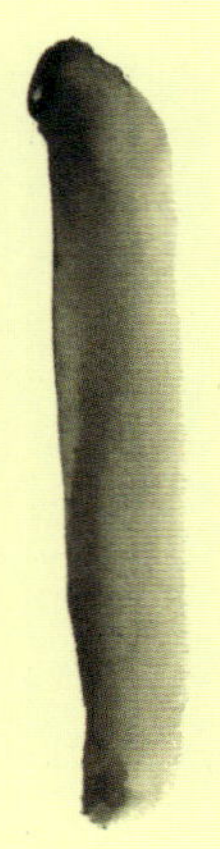

Dies sind Blau, Gelb und Rot, abgedunkelt mit Schwarz.

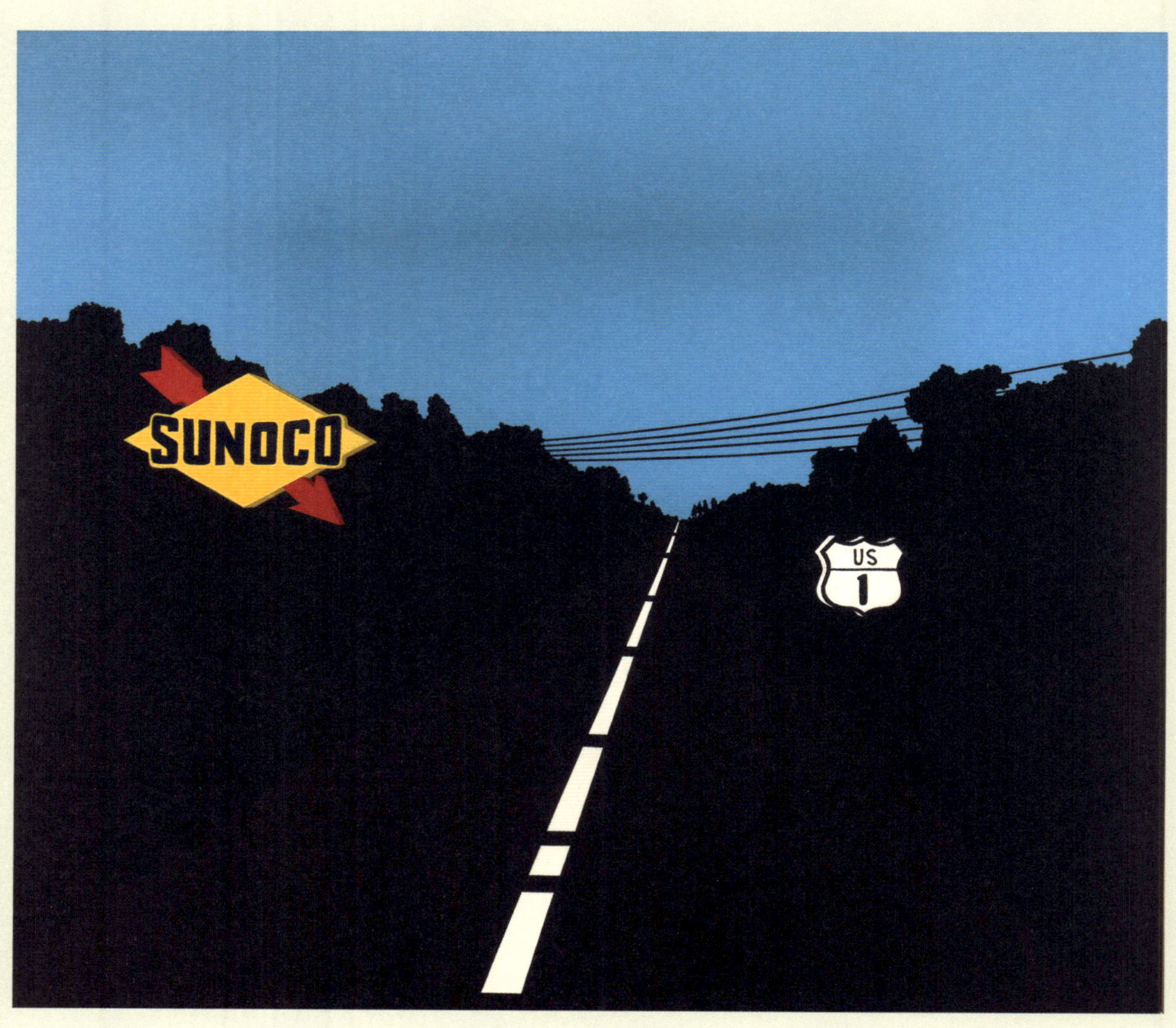
SUNOCO
US
1

Vereinfachen

Wir haben uns einige Prozesse und Techniken angeschaut, mit denen Sie Ihr Werk zusammenstellen können, und mit der schwierigen Aufgabe begonnen, Ihre Idee oder Ihr Motiv auf die Leinwand zu übertragen. Wir bauen also unseren metaphorischen Werkzeugkasten zusammen. Jetzt werden wir uns anschauen, wie Künstler es schaffen, mehr als nur das zu malen, was sie vor sich sehen und wie sie interessante Ausdrucksmöglichkeiten finden.

Überlegen Sie sich genau, was Sie vermitteln wollen. Was hat Ihren Blick gefangengenommen oder Sie so beschäftigt, dass Sie es in Ihrem Gemälde darstellen wollen? Wenn Ihnen das klar ist, können Sie damit beginnen, alle Informationen »herauszustreichen«, die dabei nicht hilfreich sind.

Es ist Ihr Gemälde, also übertreiben Sie, manipulieren Sie, lassen Sie Dinge weg oder bewegen Sie sie woanders hin. Sie haben das Sagen.

Allan D'Arcangelo war von dem verführerischen Anblick eines leeren Highways gefesselt, der ins Unbekannte verschwindet. Allerdings wurde er vermutlich mit einer Menge visueller Informationen konfrontiert, sicher mehr, als wir hier sehen. Er verwandelt den Anblick in ein sauberes, grafisches Gemälde. Die Zeichen hängen dort wie leuchtende Embleme.

Ganz egal, ob Sie etwas aus Ihrer Fantasie heraus, nach Fotografien oder nach dem Leben malen – Sie dürfen erfinden und sich etwas vorstellen. Kopieren Sie Ihre Vorlage nicht einfach nur. Lassen Sie sich von ihr informieren, seien Sie interessant, seien Sie anders und denken Sie daran: Sie müssen nicht alles wortwörtlich nehmen.

Allan D'Arcangelo
US Highway 1
Acryl auf Leinwand | 1962
121,9 x 139,7 cm

Lassen Sie es weg!

James Mc Neill Whistlers *Nocturne* ist ein meisterhaftes Beispiel für malerische Bearbeitung. Alle Teile dieser Szene sind in einer einfachen, ausgewogenen Komposition zusammengefasst und die Details lösen sich in silbrigen Blautönen auf.

Als Whistler malte, war London das Herz eines riesigen Imperiums und der Fluss bildete die Hauptschlagader dieser Stadt. Eigentlich wäre er zu dieser Tageszeit voller Boote, Kähne und Betriebsamkeit, doch Whistler war nicht daran interessiert, diese Aktivitäten festzuhalten. Sein Fokus war das unaufhaltsame Strömen des ruhigen und friedvollen Flusses, der im Dämmerlicht schimmert.

Um die Szene leichter vereinfachen zu können, malte Whistler in seinem Atelier in Chelsea aus dem Gedächtnis. Vielleicht hatte er eine Bleistiftskizze zur Unterstützung. Auf diese Weise wurde er nicht von unnötigen Details abgelenkt und konnte sich darauf konzentrieren, die sanfte Harmonie mit einfachen Blautönen festzuhalten.

Es ist entscheidend, dass Sie Ihr Gemälde nicht mit übermäßigen Details überladen. Sie können nicht alle visuellen Informationen in das Bild legen, die Sie sehen. Wenn Sie das versuchen, wird das Bild wirr und durcheinander. Whistlers Trick, aus dem Gedächtnis zu malen, ist eine gute Methode, kann aber auch abschreckend sein. Beim Arbeiten mit Fotos kommt es schon von Natur aus zu einer Vereinfachung, da das Foto von vornherein beschränkt und Ihnen vielleicht nur 50% der visuellen Informationen liefert. Solange Ihnen das bewusst ist, sollte alles klar sein.

Überlegen Sie, was wirklich in Ihrem Gemälde nötig ist, damit es funktioniert. Falls Sie Zweifel haben, lassen Sie es weg.

Was Sie aus Ihrem Bild weglassen, ist wichtiger als das, was Sie hineinlegen.

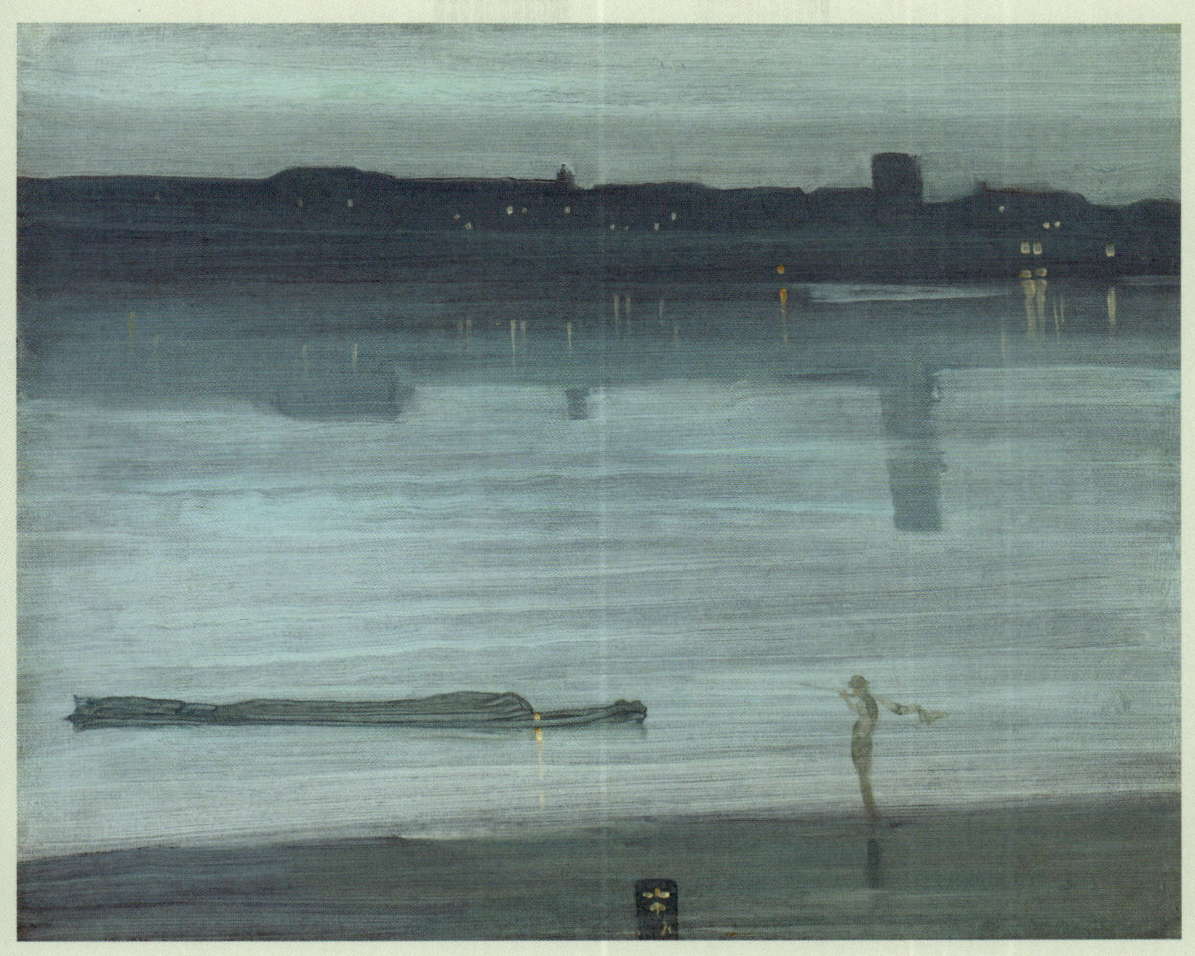

James Abbott McNeill Whistler
Nocturne: Blue and Silver – Chelsea
Öl auf Leinwand | 1871
50,2 cm × 60,8 cm

Die sichtbaren Spuren von Whistlers horizontalen Pinselstrichen verstärken den Eindruck der Flussströmung. Er verwendete verdünnte Ölfarbe und fügte sowohl mehr Öl als auch mehr Terpentin hinzu, um die gewünschte Wirkung zu erzielen. Experimentieren ist wichtig.

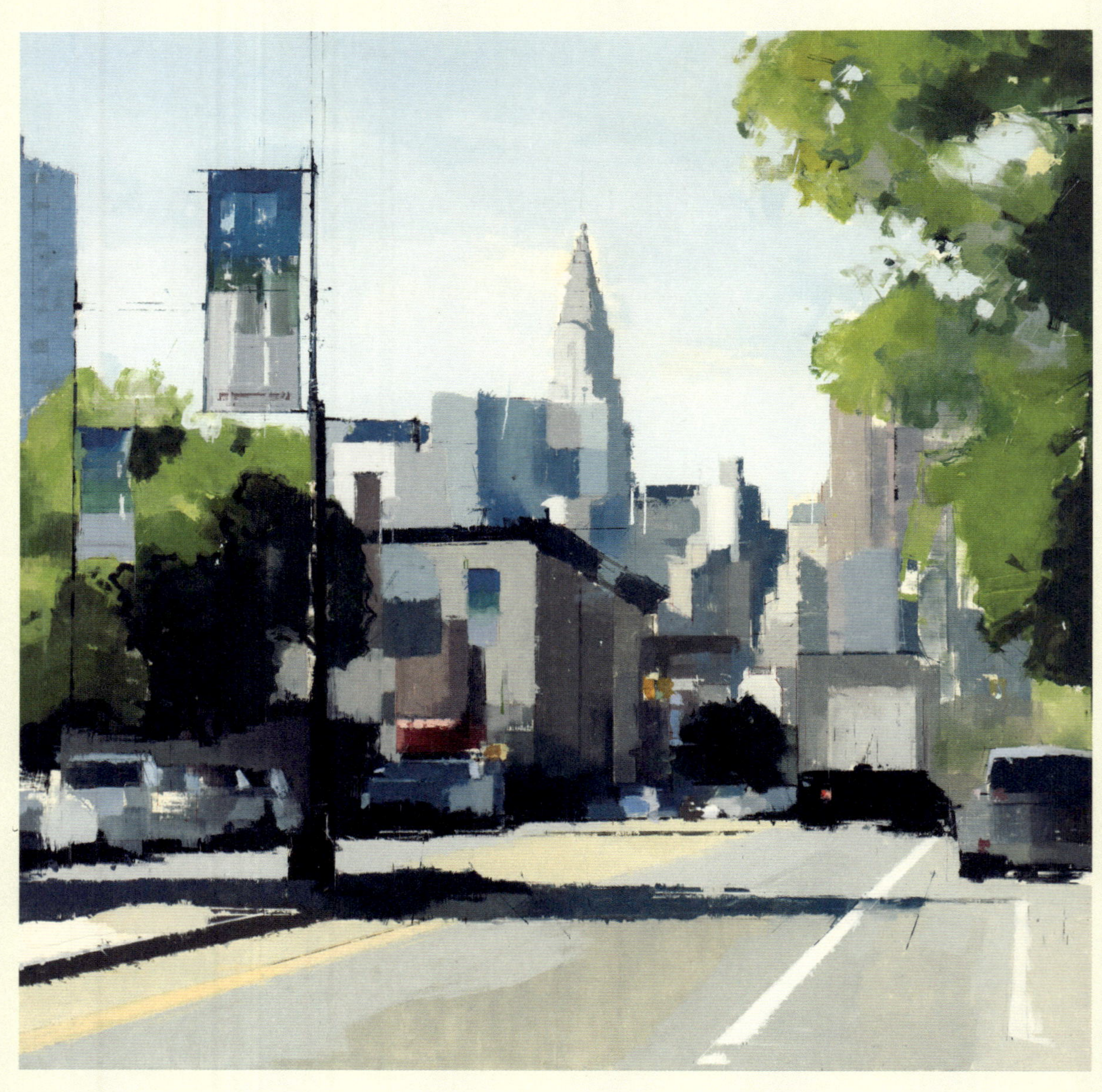

Lisa Breslow
Blues and Greens
Öl und Bleistift auf Holztafel | 2017
121,9 x 121,9 cm

Die Macht der Andeutung

Lisa Breslow schuf dieses Gemälde voller Hektik und Betriebsamkeit. Wolkenkratzer und Wohnblöcke drängen sich in der Ferne, der Verkehr strömt. Strahlender Sonnenschein fällt auf eine geschäftige Stadt. Doch Breslow deutet das meiste davon nur an. Sie liefert uns nur die breitesten Pinselstriche und wir denken uns den Rest.

Breslow hat einen einfachen, sparsamen Stil. Diese geschäftige Szene ist auf Blöcke und grobe Formen reduziert, die gemeinsam den Eindruck einer überfüllten, lebhaften Stadtszene erzeugen. Ein Patchwork aus kühlen und warmen Grautönen fängt die reichhaltige Textur und Oberfläche der Stadt ein.

Stellen Sie sich einen Augenblick lang vor, wie das Gemälde aussehen würde, wenn Breslow versucht hätte, alle Details zu malen: alle Fenster, Autoscheinwerfer und Blätter an den Bäumen. Es wäre unmöglich zu erkennen und so nehmen wir die Dinge überhaupt nicht auf. Wir werfen nur flüchtige Blicke und sehen die Einzelheiten eigentlich nicht, sondern ergänzen sie in unseren Gedanken.

Breslow reduziert nicht so stark wie Whistler. Was sie aber sehr geschickt macht, ist das Vermitteln von Eindrücken. Sie müssen nicht alles ganz genau so malen, wie es ist; erlauben Sie dem Betrachter, seine Fantasie zu benutzen. Wichtig ist die Größe Ihres Pinsels: Nehmen Sie keinen zukleinen Pinsel, um die Details zu malen. Ein breiter Pinsel zwingt sie, die Dinge einfach zu halten.

Übertriebene Details können ein Bild ruinieren.

Lisa Breslow hat die Bleistiftlinien sichtbar gelassen. Diese Technik wird oft mit Aquarellbildern assoziiert, weil die Farben einigermaßen transparent sind, doch Breslow nutzt sie auch bei Ihren Ölgemälden, um die Blockhaftigkeit ihres Stils zu betonen. Wenn Sie deutlich erkennbare Bleistiftlinien als Merkmal Ihrer Gemälde wünschen, sollten Sie entweder auf einer festen Unterlage oder auf einem festen Medium arbeiten.

VEREINFACHEN

Nicht übertreiben

Wenn man die Dinge einfach halten möchte, ist es wichtig, das Gemälde nicht zu stark auszuarbeiten. Sie müssen also der Versuchung widerstehen, immer wieder zu Ihrem Bild zurückzukehren und irgendetwas zu verändern oder zu überarbeiten. Oft ist der erste Pinselstrich schon der richtige.

Humphrey Ocean arbeitete 2006 an einer Serie ausdrucksvoller Porträts, die er *A Handbook of Modern Life* nannte. Sie waren groß und ohne vorbereitende Zeichnung gemalt. Ocean ließ die Farbe laufen und tropfen und hatte auch keine Probleme mit sichtbaren Pinselspuren. Hier fängt er Kates zufriedenes Lächeln mit zwei einfachen Pinselstrichen ein. Er versucht nicht, irgendeinen Aspekt der Figur oder des Gesichts übermäßig zu beschreiben oder zu definieren, sondern überlässt der Farbe die ganze Arbeit.

Diese Porträts sind wie ein erster Eindruck einer Person. Ocean erreicht diese Frische und Spontaneität, indem er schnell arbeitet – für kein Porträt braucht er länger als 45 Minuten.

Ein Zeitlimit ist eine großartige Möglichkeit, um ein übermäßiges Bearbeiten Ihres Gemäldes zu vermeiden. Aber natürlich geht es einfach nur um Kontrolle – nicht so sehr die Kontrolle der Farbe, sondern die Selbstkontrolle um sicherzugehen, dass die ersten mutigen Striche, auch die sind, die am Ende bleiben. Eine Überarbeitung kann Ihr Gemälde durcheinanderbringen. Haben Sie Vertrauen in sich selbst. Wie ich zu Anfang schon sagte, oft ist der erste Pinselstrich der richtige.

Der Zauber der Farbe kann ein Zufall sein. Seien Sie mutig, lassen Sie ihn zu und behalten Sie ihn bei.

Humphrey Ocean
Kate
Gouache auf Papier | 2008
77 x 57 cm

Gouache ist das perfekte Medium für schnelle, unkomplizierte Gemälde. Es ist deckend, sodass Sie nicht die Probleme von Aquarellfarben mit der Intensität oder Deckkraft haben, und es trocknet schneller als Ölfarbe. Ist es nicht bei Acrylfarben genauso? Ja, aber die Farbe, die Gouache bietet, wirkt gedämpfter und natürlicher.

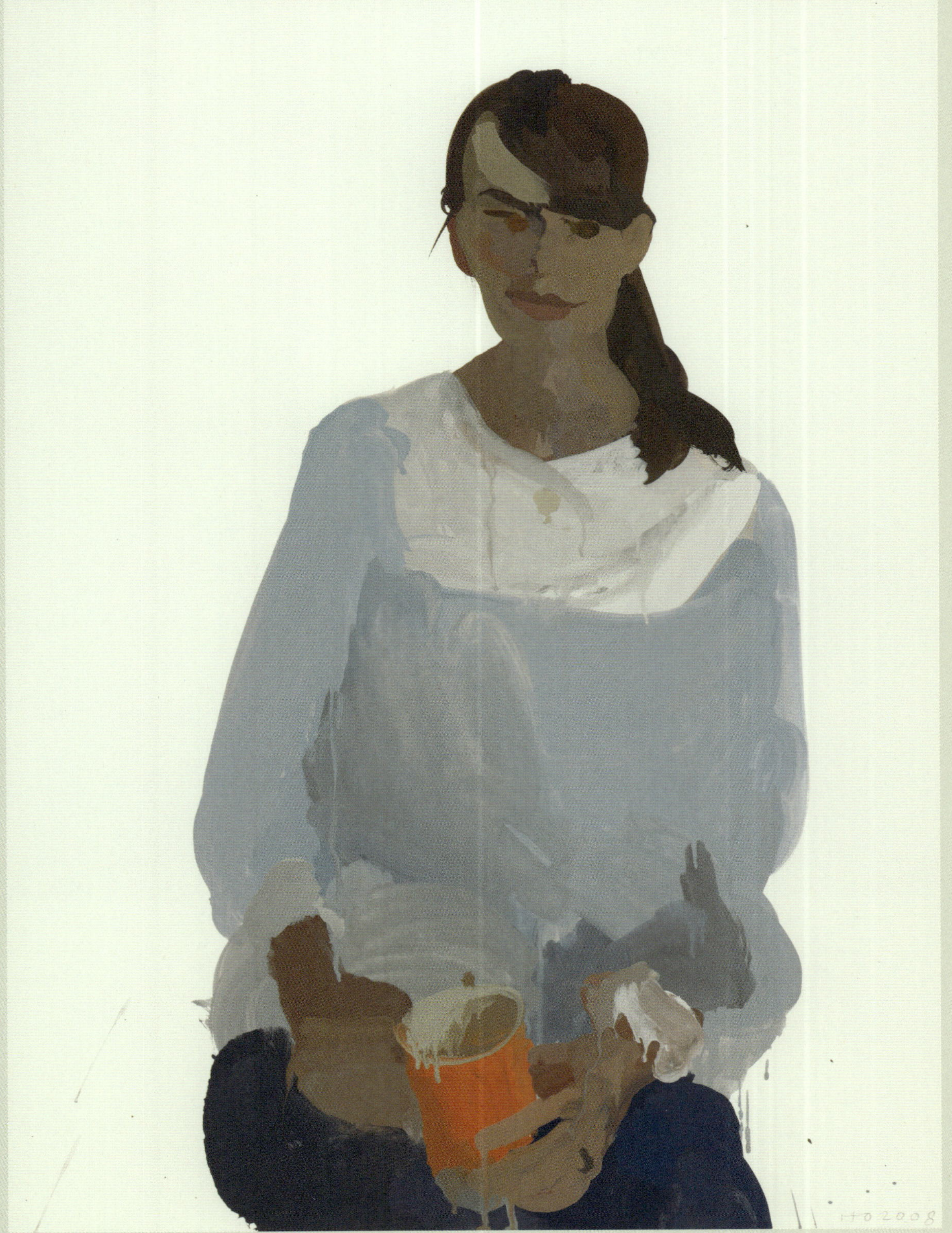

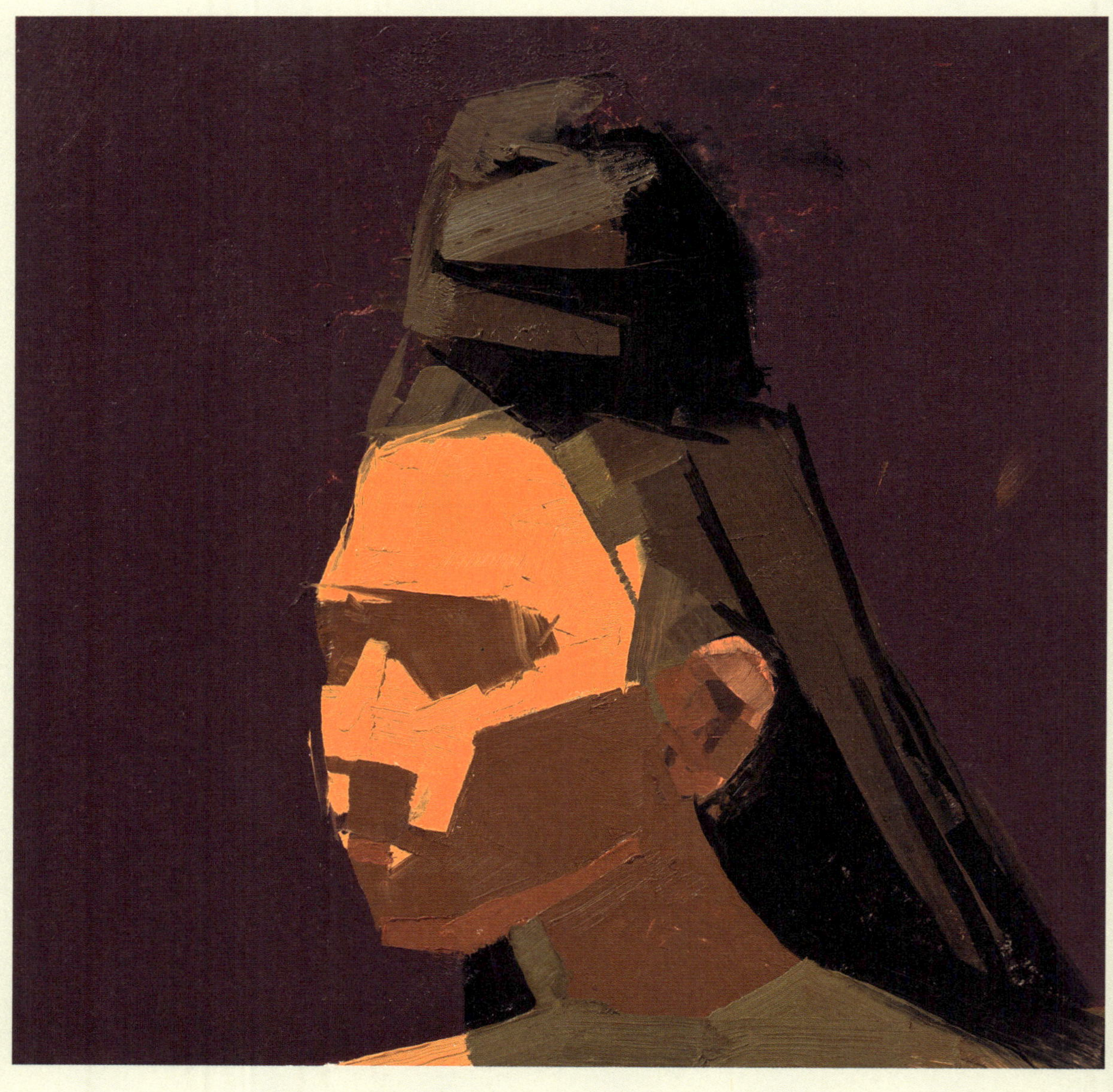

Katherine Kehoe
Danielle
Öl auf Holztafel | 2018
12,7 x 12,7 cm

Durch die Dicke der Ölfarbe bleiben Kehoes Pinselstriche vollkommen sichtbar. Dies erlaubt es ihr z. B., die Form der Nase zu beschreiben, nicht indem sie eine Linie zieht oder eine andere Farbe für die Farbe nutzt, sondern indem sie die Richtung des Striches ändert – von vertikal auf dem Nasenrücken zu horizontal an der Seite. Obwohl es nur ein kleines Gemälde ist, verwendete Kehoe einen breiten Flachpinsel, sodass das Gesicht wie gemeißelt wirkt.

Besser einfach

Dieses Porträt ist wegen seiner Einfachheit wunderbar effektiv. Katherine Kehoe verfeinert ihr Motiv, Danielle, in einfache, geometrische Formen aus Hell und Dunkel, die sie als einfache Farbfelder malt. Dieses Porträt hält die einzigartige Form und Struktur ihres Modells mit einer kühnen, skulpturenhaften Klarheit fest.

Kehoe findet die Schatten und definiert sie mit festen, exakten Linien. Schauen Sie sich an, wie sie mit drei Farbtönen das Haar malt: Schwarz, Mittelton und Spitzlicht. Mehr war nicht erforderlich. Kehoe lässt alle Details weg, selbst im Gesicht. Die Gesichtszüge sind nicht herausgearbeitet, sondern werden mit den flachen geometrischen Formen nur angedeutet. Im ganzen Gemälde geht es um Einfachheit: Das quadratische Format, die zentrale Position des Kopfes und die schnörkellose Pinselführung unterstützen Kehoes unkomplizierten Stil.

Der Trick bei dieser Art der Vereinfachung besteht darin, sich selbst auszutricksen. Stellen Sie sich die einzelnen Elemente nicht als Auge, Nase, Wange vor, sondern suchen Sie nach den Formen von Hell und Dunkel. Sie müssen nicht so eckig arbeiten wie Kehoe, obwohl das vielleicht hilft. Eine starke Lichtquelle erzeugt einen definierten Kontrast, mit dessen Hilfe Sie die Schattenbereiche finden können. Wenn Sie die Augen zusammenkneifen und blinzeln, verschwinden die Details und Sie nehmen praktisch nur noch Farbtöne wahr. Und schließlich können Sie genau wie Kehoe Ihre Palette begrenzen – sie benutzt nur drei Tonwerte derselben Farbe. Dinge einfach zu machen, ist nicht einfach. Seien Sie mutig!

Ignorieren Sie die Details und suchen Sie nach der einfachen Struktur, die allem zugrundeliegt.

VEREINFACHEN

Lassen Sie die Farbe arbeiten

Nick Archers Gemälde kombinieren satte Farben mit faszinierenden Motiven. Sie wirken wie Szenen aus einem modernen Märchen voller seltsamer Landschaften und dunkler Geschichten in Technicolor.

Diese mysteriöse Szene ist bezaubernd, aber zugleich auch verstörend. Ein kleines Kind in einer gelben Jacke wandert allein auf einen Wald zu, einem unbekannten Schicksal entgegen. Dieses spannende Tableau wird eingerahmt durch ein reiches Arrangement aus Blättern und Blüten. Statt jedoch jede einzelne Blume zu malen, erlaubt es Nick Archer den Punkten, Klecksen und Tropfen der Farbe, die Andeutung von Blättern, Blüten und Laub zu erzeugen. Die Fantasie des Betrachters erledigt den Rest. Selbst die entfernten Bäume und ihre kahlen Äste werden mit einem feinen Nebel aus dunkler Farbe angedeutet.

Es gibt bei dieser Technik keine sorgfältigen Konturen, da die Farbe hier ihr eigenes Ding machen darf. Sie müssen aber nicht die ganze Kontrolle abgeben. Oft legt Archer die Leinwand auf den Boden und bewegt sich um sie herum, während er die Farbe darauf spritzt und kleckert.

Aus der Nähe betrachtet, sieht es aus wie ein farbenprächtiger Jackson Pollock, in einer gewissen Entfernung jedoch verwandeln sich all diese Tropfen und Spritzer in Stängel und Blütenblätter und winzige Lichtschimmer. Denken Sie also daran, beim Arbeiten an Ihrem Gemälde ab und zu einen Schritt zurückzutreten.

Gespritzte und gekleckerte Farbe erzeugt eine ganze Palette an Effekten.

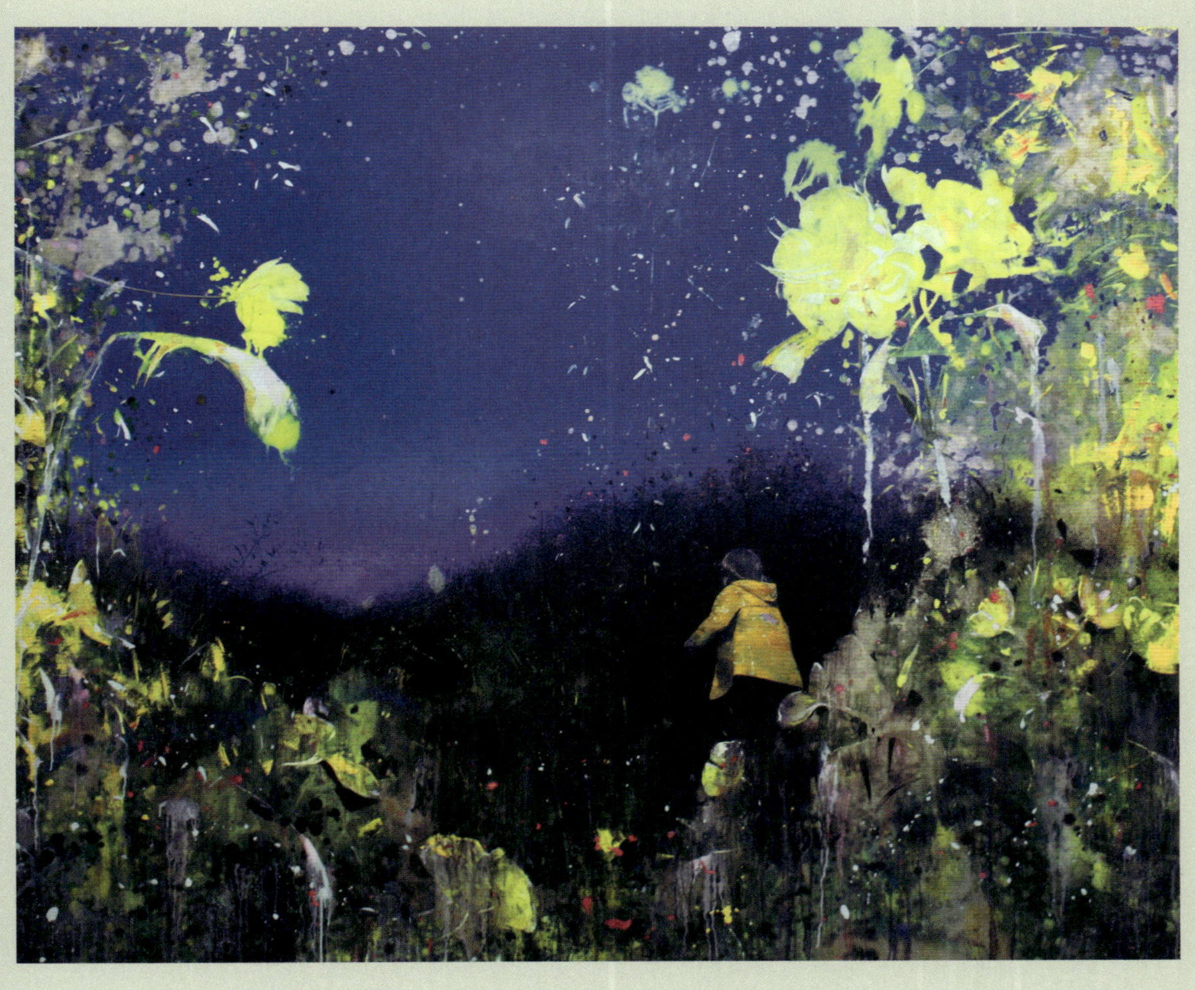

Nick Archer
Sun Drops
Öl und Silberstaub auf Leinwand | 2017–18
152 x 183 cm

Nick Archer schichtet getropfte, gesprühte und gekleckerte Farbe übereinander. Diese Technik kann mit allen Medien eingesetzt werden, doch da Ölfarbe (und Acrylfarbe) deckend ist, kann Archer auf einem dunklen Hintergrund arbeiten. Bei Aquarell müssten Sie mit einer hellen Farbe beginnen.

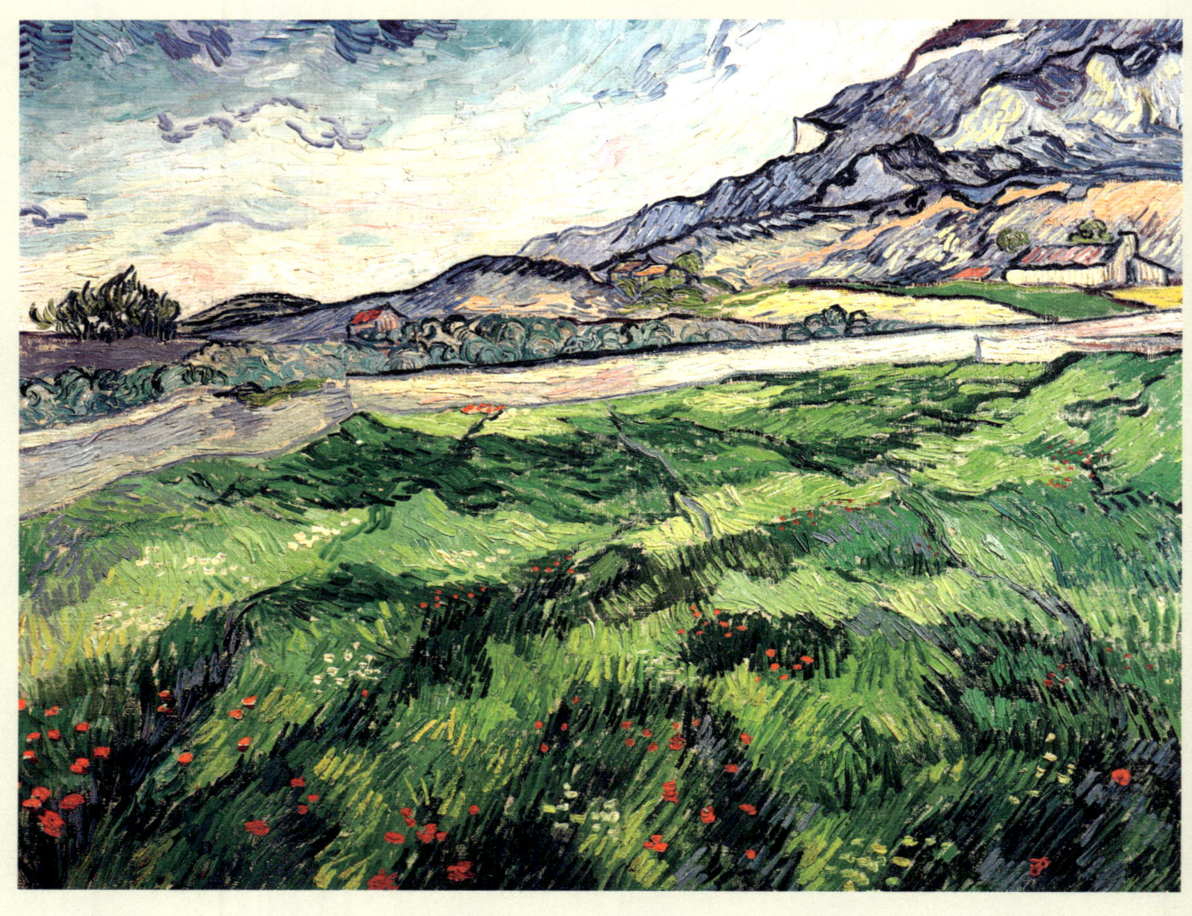

Vincent van Gogh
Das grüne Weizenfeld hinter der Heilanstalt
Öl auf Leinwand | 1889
73 x 92 cm

Eine eigene Sprache

Van Gogh war ein Meister darin, das Gefühl für einen Ort zu vermitteln. Die energischen Striche und übertrieben gewundenen Linien, aus denen die Berge in der Ferne bestehen, nehmen uns mit auf das Feld hinter dem Sanatorium, in dem er damals lebte. Es ist, als würde wir nicht nur sehen, was er sieht, sondern auch fühlen, was er fühlt.

Van Gogh malte und zeichnete unermüdlich, immer bemüht, herauszufinden, wie er seine Umgebung am besten vermitteln konnte. Er entwickelte ein ausdrucksstarkes Repertoire an Merkmalen und Strichen, die seine eigene lebhafte Sprache bildeten, um die Welt zu beschreiben.

Ihr Gemälde kann auf keinen Fall *exakt* wiedergeben, was vor Ihnen liegt; es gibt zu viele Details und visuelle Informationen. Van Gogh vereinfachte all diese Informationen in seiner markanten Malsprache aus gestischen Zeichen. Damit wird das Gemälde nicht etwa reduziert, sondern eher noch intensiviert, sodass es zu etwas Magischem wird.

Sie müssen nicht extra nach Südfrankreich reisen, um darüber nachzudenken, wie Sie solche Kunst erschaffen können. Gehen Sie nach draußen und schauen Sie sich um. Sie werden Texturen und Flächen sehen, die Sie mit Ihren eigenen Zeichen einfangen und festhalten können.

Erfindungsgeist ist ein wichtiger Teil der Malerei. Drücken Sie der Leinwand Ihren Stempel auf.

Übertreibung ist gut

Dieses Bild ist eine Hymne an Yorkshire. Es ist das Land, in dem David Hockney geboren wurde, und seine Liebe für seine Heimat ist so klar wie ein Sommertag in diesem lebhaften, ausdrucksstarken Werk, das Yorkshires leuchtende Felder und rollenden Hügel zeigt.

Hockney fürchtete sich nicht zu übertreiben. Es liegt eine fast kindliche Freude in der Art und Weise, wie er die Windungen und Kurven der strahlend violetten Straße auf ihrem Weg über die Leinwand überhöht. Den Horizont so hoch auf der Leinwand zu platzieren, ist ein brillanter Schachzug, um die Weite der Landschaft anzudeuten. Die Felder und Hecken verschwimmen schließlich in einem blauen Schleier, der einen die Entfernung wirklich spüren lässt.

Es hilft, eine klare Vorstellung dessen zu entwickeln, was Sie mit Ihrem Bild sagen wollen. Das kann alles sein, von der Helligkeit der Farben über das Gefühl für die Form in einem Stillleben bis zum weichen Licht in einem Porträt. Wenn Sie das ausgearbeitet haben, können Sie es hervorheben, damit die Menschen es verstehen. Fürchten Sie sich nicht, wie Hockney zu sein und ein bisschen zu übertreiben.

Überlegen Sie sich, was Sie in Ihrem Gemälde ausdrücken wollen, und verstärken Sie es.

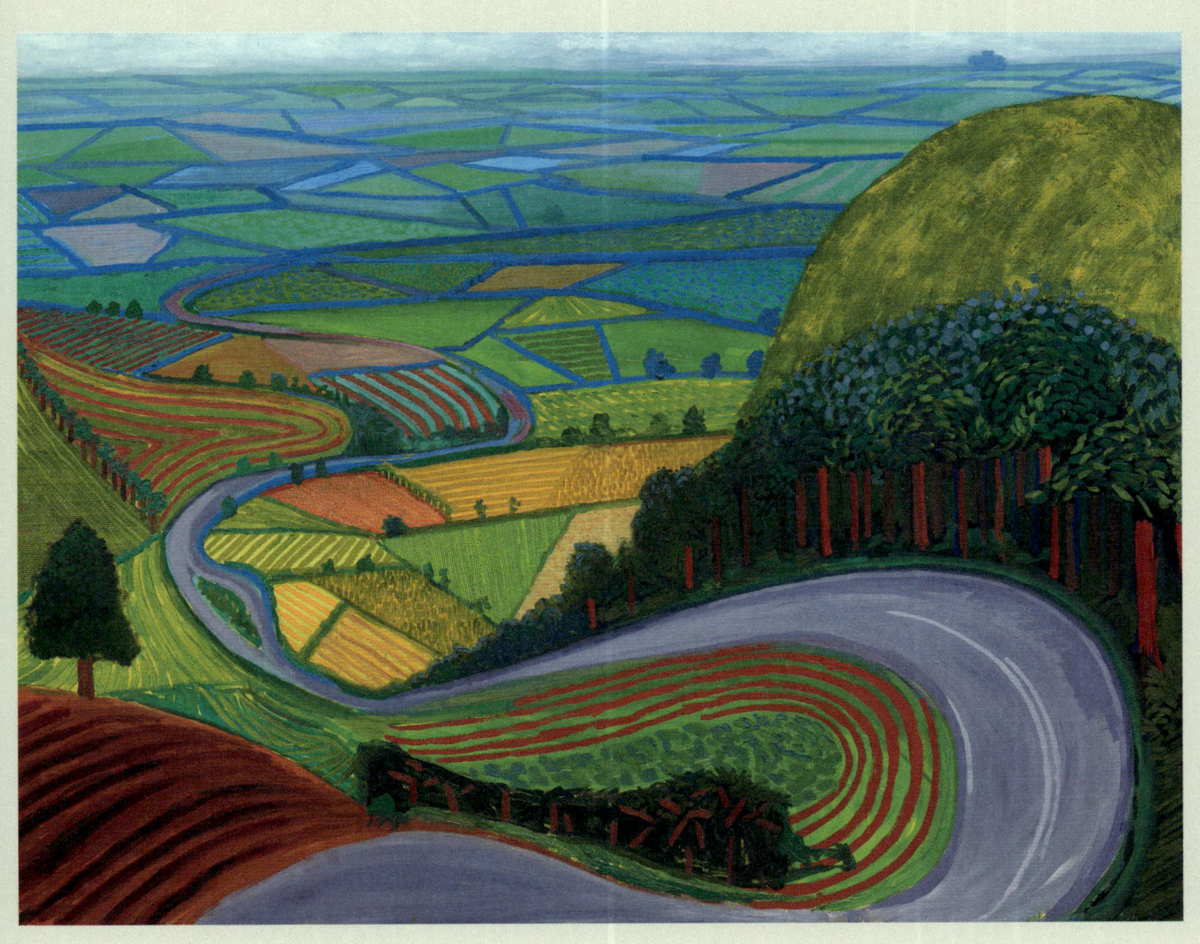

David Hockney
Garrowby Hill
Öl auf Leinwand | 1998
152,4 x 193 cm

Für mich sieht dieses Gemälde von Hockney immer ein bisschen aus, als hätte er es mit Acryl gemalt – es hat diese spezielle Art von heller Einfachheit. Es ist allerdings ein großes Bild und Ölfarbe eignet sich aufgrund ihrer schweren Streichfähigkeit sehr gut für größere Gemälde.

TECHNISCHER EXKURS

Komposition

Die Komposition ist wichtig, egal, womit Sie arbeiten. Mit der Komposition legen Sie fest, wo Sie die Dinge in Ihrem Gemälde platzieren. Sie ist wichtig, weil die Anordnung der Bildgegenstände beeinflusst, wohin das Auge des Betrachters wandert oder wo es stehenbleibt, wenn er das Bild anschaut. Das wiederum bestimmt, wie Ihr Gemälde interpretiert werden kann.

Es gibt »Kompositionsregeln«, die vor hunderten von Jahren von Künstlern aufgestellt wurden, doch die meisten sind instinktiv. Sie benutzen sie vermutlich schon, ohne es zu merken.

Fokus

Nicht jedes Gemälde hat einen Fokus – manchmal geht es einfach nur um die Fläche oder die Farbe. Falls Sie jedoch versuchen, den Blick auf etwas Spezielles in Ihrem Werk zu lenken – z. B. eine Figur –, müssen Sie darüber nachdenken, wie Sie dies hervorheben. Der Fokus eines Gemäldes kann unauffällig sein, schließlich ist das menschliche Auge raffiniert genug, um alle möglichen Elemente in Ihrem Bild als Fokus auszumachen. Nicht nur Farbe, Platzierung und Tönung, sondern sogar die Richtung der Pinselstriche kann hilfreich sein.

Format

Form und Format Ihrer Arbeitsfläche bestimmen das Aussehen und die Anmutung Ihres fertigen Gemäldes. Nicht jedes Bild muss ein Rechteck sein.

HOCHFORMAT

QUERFORMAT

Papier oder Leinwand können im Hochformat oder im Querformat ausgerichtet werden.

Dabei muss es jedoch nicht bleiben. Sie können sogar ziemlich interessante Kompositionen schaffen, wenn Sie sich von diesen Konventionen lösen.

Unterschiedliche Formen eignen sich für unterschiedliche kompositorische Ideen. So sind etwa Quadrate und Kreise gut, wenn Sie Symmetrie und Gleichgewicht vermitteln wollen.

Kompositorische Hilfen

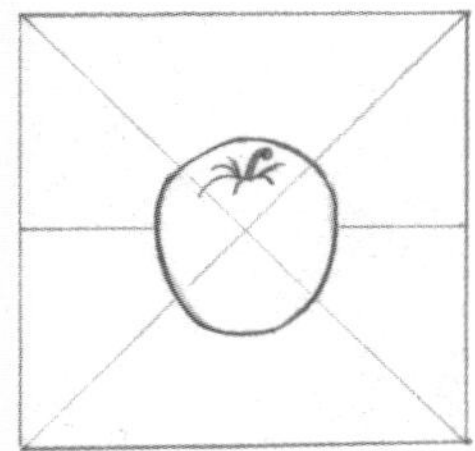

ZENTRALE POSITION

Eine Komposition, deren Hauptfokus auf der Mitte des Gemäldes liegt, unterstreicht dessen Symmetrie. Das kann gut für eindrucksvolle Bilder sein und funktioniert meist besser, wenn der Rest des Bildes relativ einfach gehalten wird. Eine aufgebrochene symmetrische Komposition, die kann das Bild dynamischer wirken lassen.

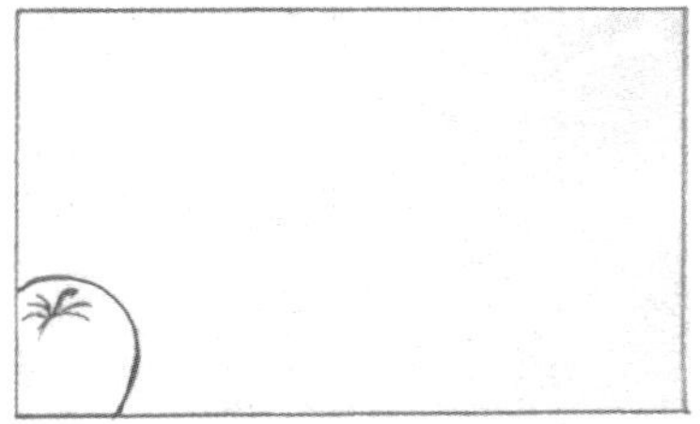

EXTREM VERSETZT

Am anderen Ende des Spektrums können Sie mit einem extrem versetzten Fokus oder Horizont eine besonders dramatische Komposition schaffen. Der Raum, der dadurch freigelassen wird, verleiht der Komposition ihre Stärke.

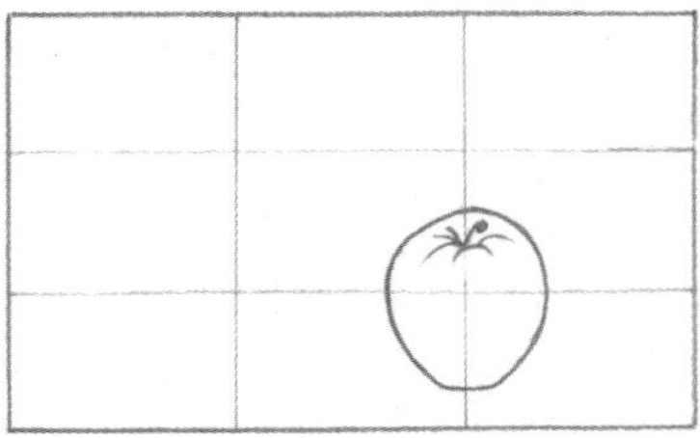

DRITTEL-REGEL

Wenn Sie Ihre Komposition horizontal und vertikal in Drittel aufteilen, wird das menschliche Auge ganz besonders zur Achse des Drittels hingezogen. Aus diesem Grund besitzen moderne Kameras oft ein Raster, das im Sucher aktiviert werden kann.

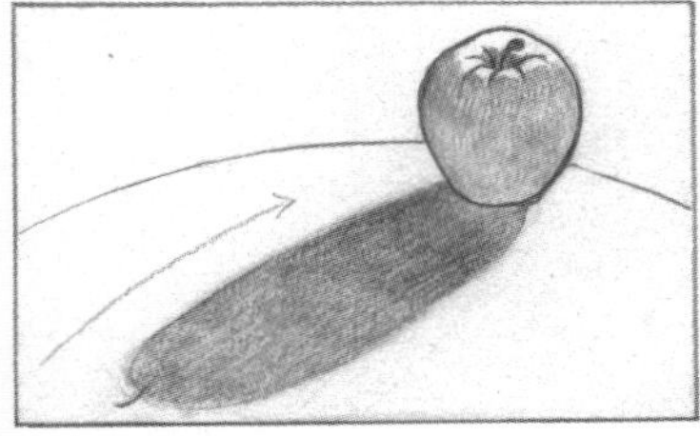

FÜHRUNGSLINIEN

Dies ist eine tolle Technik, wenn Sie die Illusion von Tiefe in Ihrem Gemälde verstärken wollen, um den Betrachter in das Bild zu ziehen. Ein klassisches Beispiel ist eine Straße in einer Landschaft. Führungslinien müssen aber keine Linien sein. Alles, was das Auge des Betrachters einfängt und in die gewünschte Richtung lenkt – üblicherweise zum Fokus Ihres Bildes –, ist eine Führungslinie.

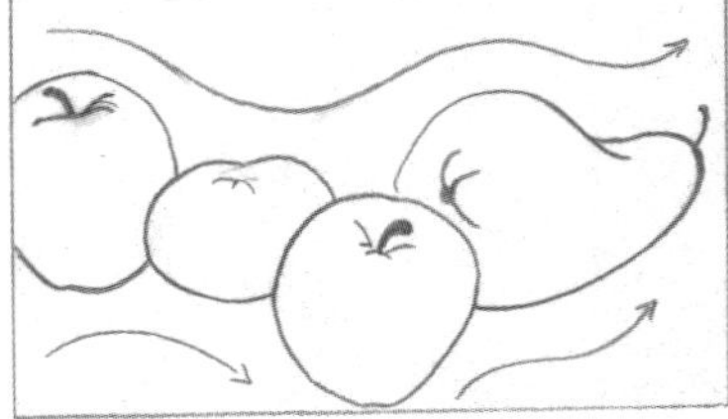

RHYTHMUS

Wie ich zu Beginn sagte, ist alles in Ihrem Gemälde, bis hin zur Richtung Ihrer Pinselstriche, Teil Ihrer Komposition. Das komplexeste Gemälde, mit mehreren Figuren oder einem Wald aus vielen Bäumen, kann funktionieren, weil der Künstler es einfachen Rhythmen erlaubt hat, den Blick des Betrachters zu lenken.

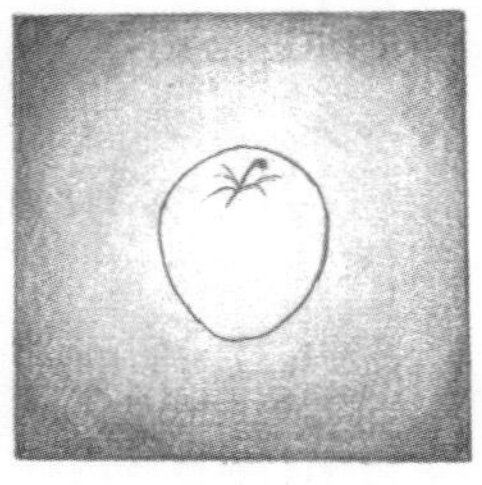

RAHMUNG/HELL UND DUNKEL

Um das Auge des Betrachters in das Zentrum Ihres Gemäldes zu führen, können Sie es oben und unten abdunkeln. Merken Sie sich, dass Hell und Dunkel ebenfalls Teil Ihrer Komposition sind.

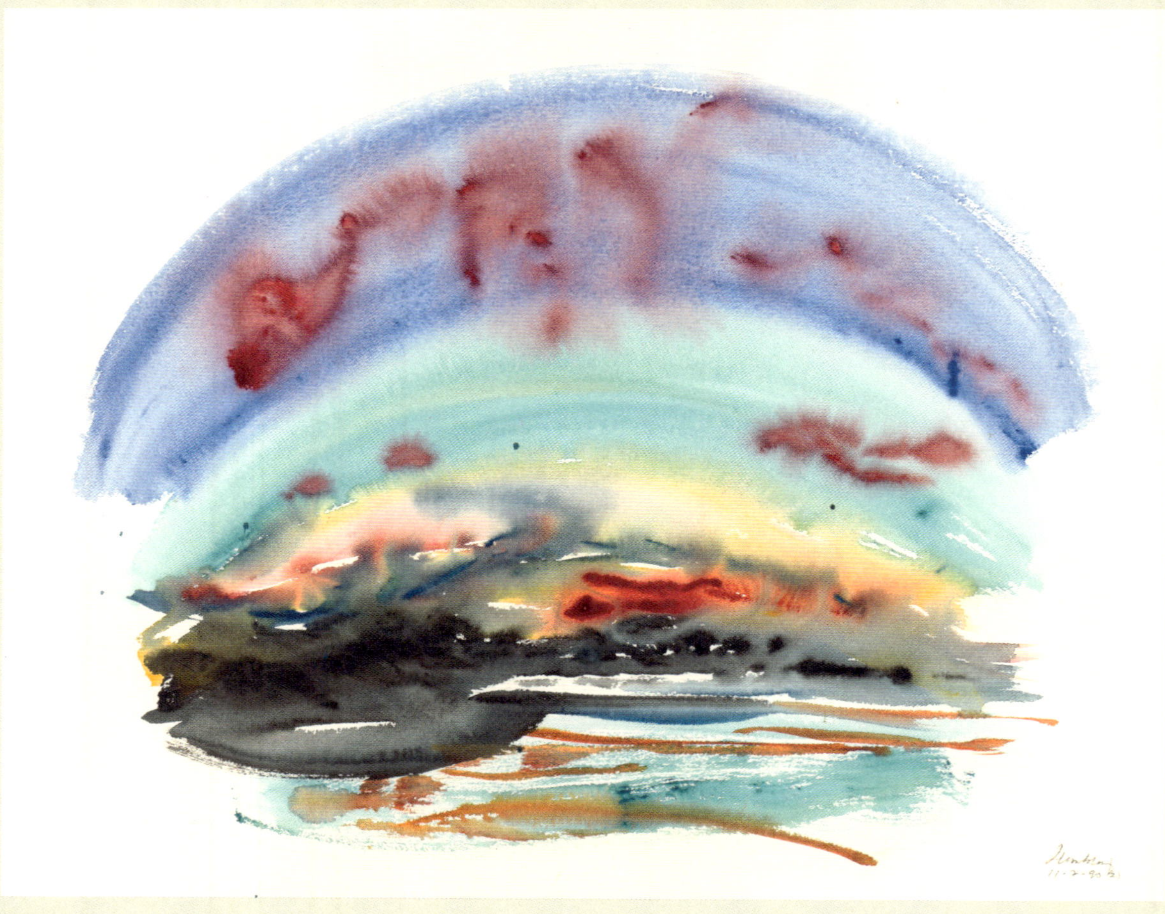

Stil

In diesem letzten Abschnitt geht es um Sie. Sie sind der wichtigste Teil in jedem Gemälde. Techniken sind eine wichtige Grundlage. Sie bilden die Basis, auf der Sie Ihr Gemälde aufbauen, aber damit kommen Sie nur bis zu einem gewissen Punkt, und das ist der entscheidende Unterschied zwischen gut und großartig. Gute Gemälde sind technisch sehr gut gemacht, aber großartige Gemälde haben einen extra Kick.

Letztendlich läuft es darauf hinaus: Kümmern Sie sich nicht darum, was andere Leute denken oder sagen. Richtig ist, was Sie malen wollen, und die richtige Art zu malen ist die Art und Weise, die für Sie funktioniert. Wenn Sie am Ende ein Gemälde haben, das die Sachen oder Gefühle ausdrückt, die Sie wünschen, haben Sie es geschafft.

Seien Sie Sie selbst und fürchten Sie sich nicht davor, etwas anders zu machen.

Es ist eine lange Reise, bei der es eine Menge »Hm, das ist irgendwie nicht richtig« und »Aaaargh! Ich gebe auf« geben wird. Schließlich gibt es keinen klaren Wegweiser, Sie müssen also nach Gefühl handeln. Alle Künstler in diesem Buch dürften dies gespürt haben, und ihre Werke können Ihre Wegweiser sein. Nutzen Sie ihre Gemälde, um besser zu verstehen, wohin Sie mit Ihren Bildern gehen wollen, stehlen Sie von ihnen, borgen Sie von ihnen. Das alles gehört dazu, ein Künstler zu sein.

Maggi Hambling
Sonnenaufgang
Aquarell auf Papier | 1990
48,8 × 60,9 cm

Klar und bestimmt

Wir alle sehen Dinge verschieden. Für Maggi Hambling sind der Himmel und das Meer machtvolle Kräfte der Natur, die sie mit energischer Hingabe malt. Hiroyuki Yamada dagegen sieht Wasser als besinnlich und still.

Hier gibt Yamada uns ein fast schon abstraktes Bild des Wassers. Es ist eingefroren in der Zeit und zeigt sich nur in einer Reihe klarer, ineinandergreifender Formen. Es gibt keinen Horizont oder Kontext, an dem man sich orientieren könnte, wir sehen also nur ein Patchwork aus Farben und Farbtönen. Das Bild gehört zu einer Serie von Gemälden von Yamada, die Wasser als Mittel nutzen, um Muster und Designs zu untersuchen.

Es gibt hier keine schnellen gestischen Zeichen, nicht einmal sichtbare Pinselstriche. Yamadas Arbeit ist grafisch. Sie ist flach und klar definiert. Dies ist ein Gemälde, das Zeit und Raum braucht. Yamada arbeitet in seinem Atelier und hat dort seinen Computer und andere visuelle Hilfsmittel und nützlichen Werkzeuge.

Wichtig ist, wie Sie das Ganze einrichten. Es gibt kein richtig oder falsch, doch wenn Ihr Gemälde Zeit braucht, wie es bei Yamada der Fall war, dann nehmen Sie sich die Zeit. Sie brauchen wirklich nicht viel, um zu malen, aber sorgen Sie dafür, dass Sie haben, was Sie brauchen.

Seien Sie sich Ihrer Absichten sicher und seien Sie vorbereitet.

Hiroyuki Yamada
Ohne Titel
Gouache auf Papier | 2015
27,8 x 38,5 cm

Hiroyuki Yamada verwendet Gouache. Diese trocknet schnell, so kann er klare, eindeutige Formen malen, die Farben sauber halten und verhindern, dass sie ineinanderlaufen.

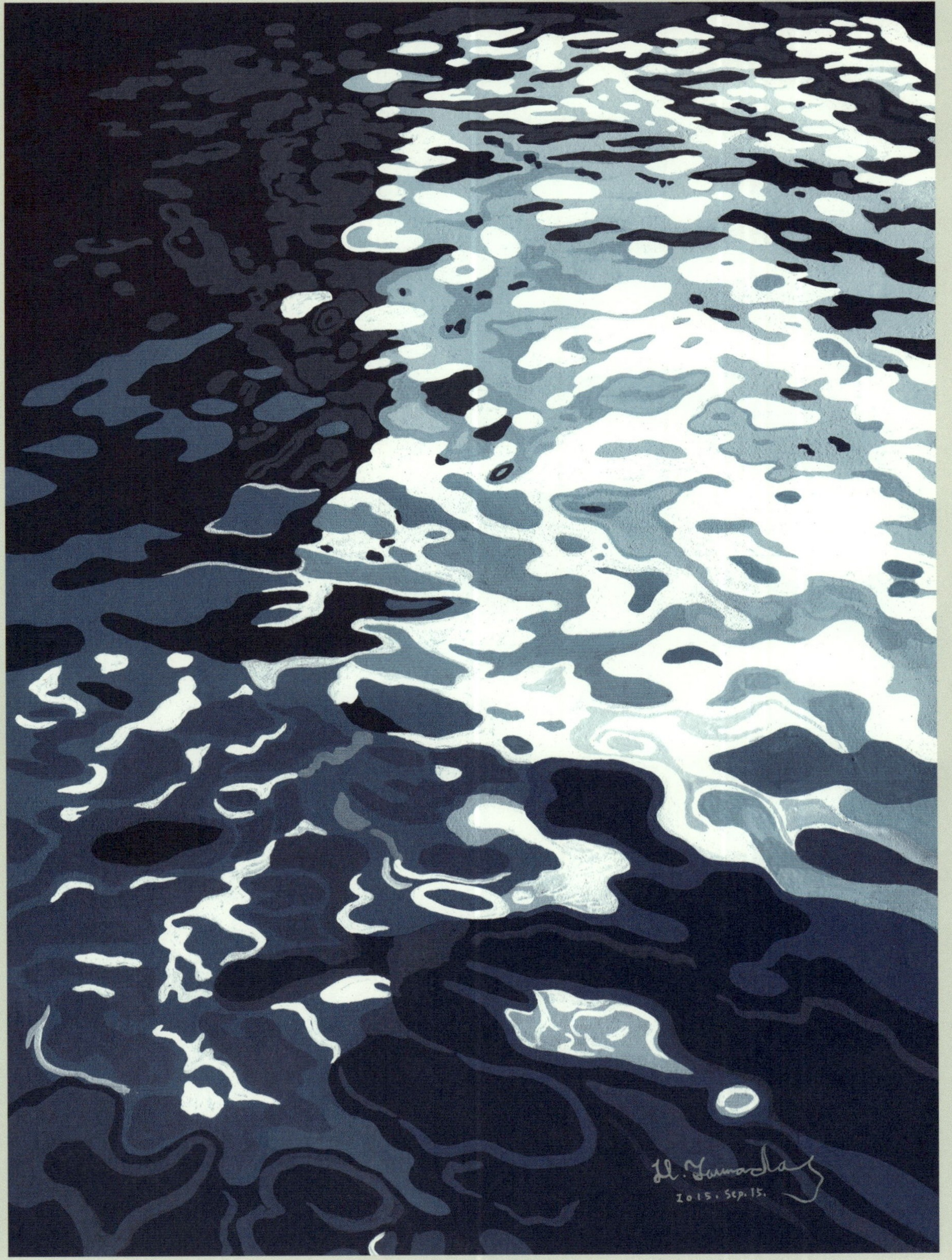
2015. Sep. 15.

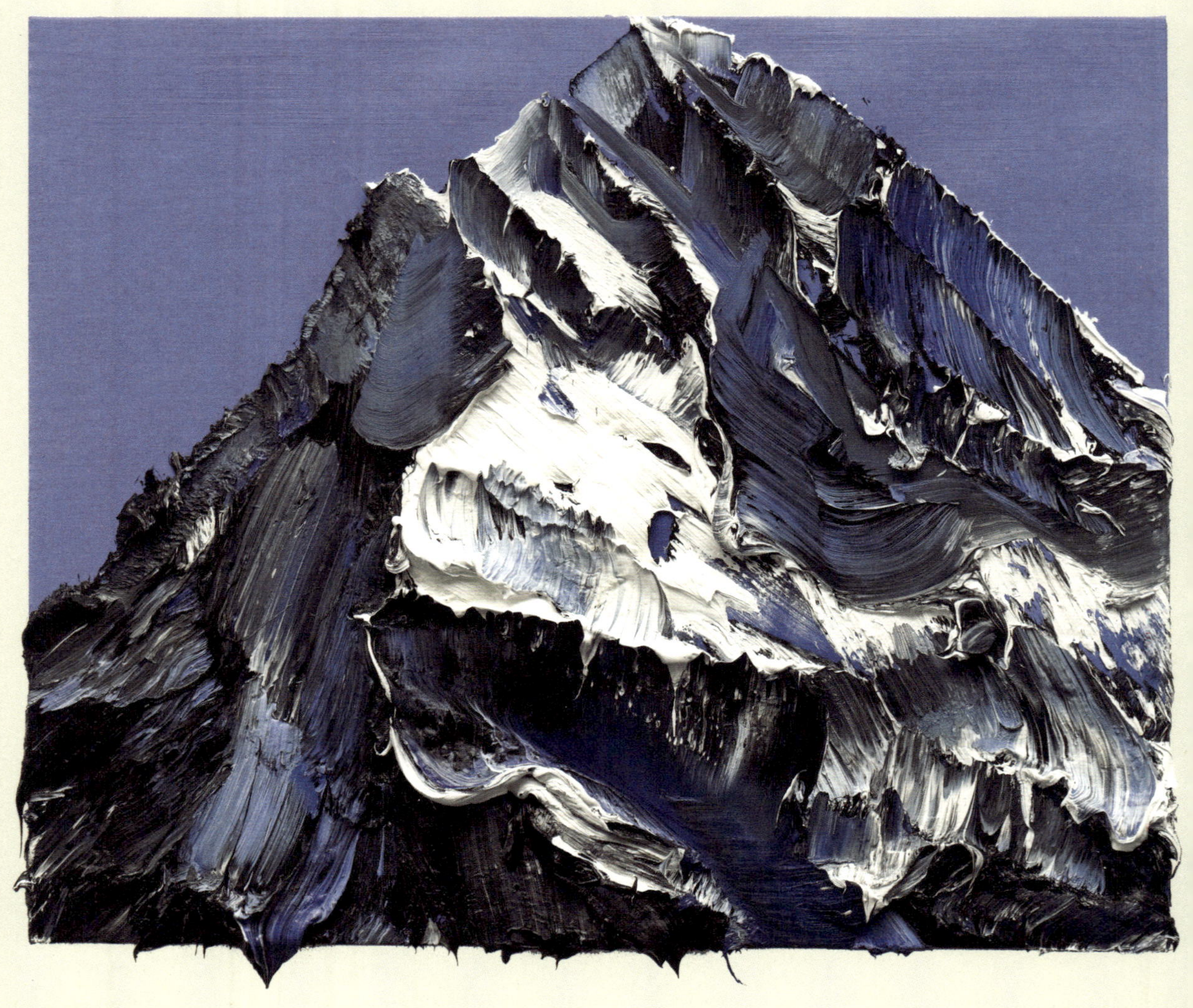

Conrad Jon Godly
Sol #30
Öl auf Leinwand | 2013
80 x 95 cm

Das Arbeiten im dicken »Impasto«-Stil erfordert die richtigen Werkzeuge. Ein Palettenmesser und ein Pinsel mit harten Borsten sind gut. Mit dem Messer können Sie die Farbe wie Butter verschmieren und der Borstenpinsel ist hart genug, um die Farbe zu halten. Dicke Farbe behält den Abdruck des verwendeten Werkzeugs, was Sie sich zunutze machen können.

STIL

Über die Seite hinaus

Dieser Berg sieht so lebendig aus, dass es sich anfühlt, als würden Sie tatsächlich auf die verschneiten Bergflanken schauen. Hier sind das Aussehen und der Stil des Gemäldes direkt mit der Farbe verbunden: Diese Berghänge bestehen buchstäblich aus großen Schrammen und Schwüngen dicker Ölfarbe.

Es ist ein Gemälde, das man persönlich gesehen haben muss, damit es seine volle Wirkung entfaltet. Klar ist auf jeden Fall, wie sehr Conrad Jon Godly Farbe mag. Und nicht einfach irgendeine Farbe. Es sind das Gewicht und die Fülle von Ölfarbe, die es ihm erlauben, etwas auf der Leinwand aufzubauen.

Die Farbe ist so dick, dass tatsächlich Grate und Spitzen entstehen. Die Hänge sind aus Schlieren gemacht und ragen über die Ränder der Leinwand hinaus. Eine Farbe, die so dick ist wie hier, wird als Impasto bezeichnet. Gemälde müssen nicht flach sein; Form kann mehr sein als eine Illusion. Sie können Ihr Gemälde von der Leinwand holen und eine wirkliche körperliche Präsenz erzeugen.

Entscheidend ist es, die richtige Farbe für Ihre Absichten zu wählen. Aquarellfarben sind großartig, aber sie funktionieren für diesen Stil nicht, weil sie dünn und transparent sind. Ölfarbe ist hier wegen ihrer dicken, klebrigen Konsistenz die ideale Wahl. Außerdem trocknet sie so langsam, dass Sie lange damit weiterarbeiten können. Acrylfarbe funktioniert ebenfalls und ist billiger, was ein Vorteil ist, hat aber nicht die Fülle von Ölfarbe und trocknet viel schneller (was je nach den Umständen ein Vor- oder ein Nachteil sein kann). Wenn Sie das Gefühl lieben, mit dicker, klebriger Farbe zu spielen, könnte dies Ihr Stil sein.

Unterschiedliche Farben können unterschiedliche Dinge; wählen Sie also die passende aus.

Seien Sie intuitiv

Dieses Gemälde ist – wie ein Standbild aus einem Film – voller Spannung. Der australische Künstler William Mackinnon zeigt uns eine fremdartige Welt aus Licht und Schatten. Der tiefschwarze Nachthimmel wird durchbrochen vom Scheinwerferlicht eines sich nähernden Autos, während seltsames Licht im Vordergrund die Straße sprenkelt und sie mit den sich windenden Fingern der Schatten füllt.

Mackinnons Gemälde spielen sich oft an verlassen scheinenden Orten ab. Es sind düstere, ahnungsvolle Plätze, wo eigenartige Pflanzen aus dem Dunkel ragen und rissige Straßen zu mysteriösen Zielen führen. Wenn er mit dem Malen beginnt, hat er noch keine Ahnung, wie es am Ende aussehen wird. Es ist eine kreative Reise ohne festes Ziel. Er beginnt mit einem Fragment, einem Foto oder einer Erinnerung, die ein Gefühl auslöst. Dann lässt er das Bild einfach seinen Lauf nehmen, indem jede alte Entwicklung eine neue auslöst. Es gibt kein richtig oder falsch. Er beschreibt diese intuitive Technik als einen offenen Prozess des Herumtüftelns und Entdeckens, und das fasst die Verspieltheit und den Spaß perfekt zusammen, die so wichtig in der Malerei sind.

Manchmal besteht die größte Hürde darin, auf eine festgelegte Idee hinzuarbeiten, wie Ihr Gemälde aussehen soll. Doch die Strenge dieses Vorgehens kann zu Enttäuschung führen und lässt am Ende keinen Raum für eine natürliche Entwicklung oder glückliche Zufälle.

Setzen Sie sich kein festes Ziel, sondern lassen Sie das Gemälde einfach geschehen.

William Mackinnon
Moonlight iii
Acryl, Öl und Email auf Leinen | 2014
200 x 180 cm

William Mackinnon schafft hier großartige Effekte: die strahlenden Lichter, die exotische Pflanzenwelt. Er erzeugt sie mit unterschiedlichen Farben – hier mit Öl- und Acrylfarben und emailbasiertem Autolack. Er fürchtet sich nicht, diese zu mischen und mit ihnen zu experimentieren. Alles ist erlaubt. Es gibt bestimmte althergebrachte Praktiken in der Malerei, und es ist wichtig, sie zu kennen. Sie sollten aber auch wissen, wann Sie sie ignorieren und neue Dinge ausprobieren können.

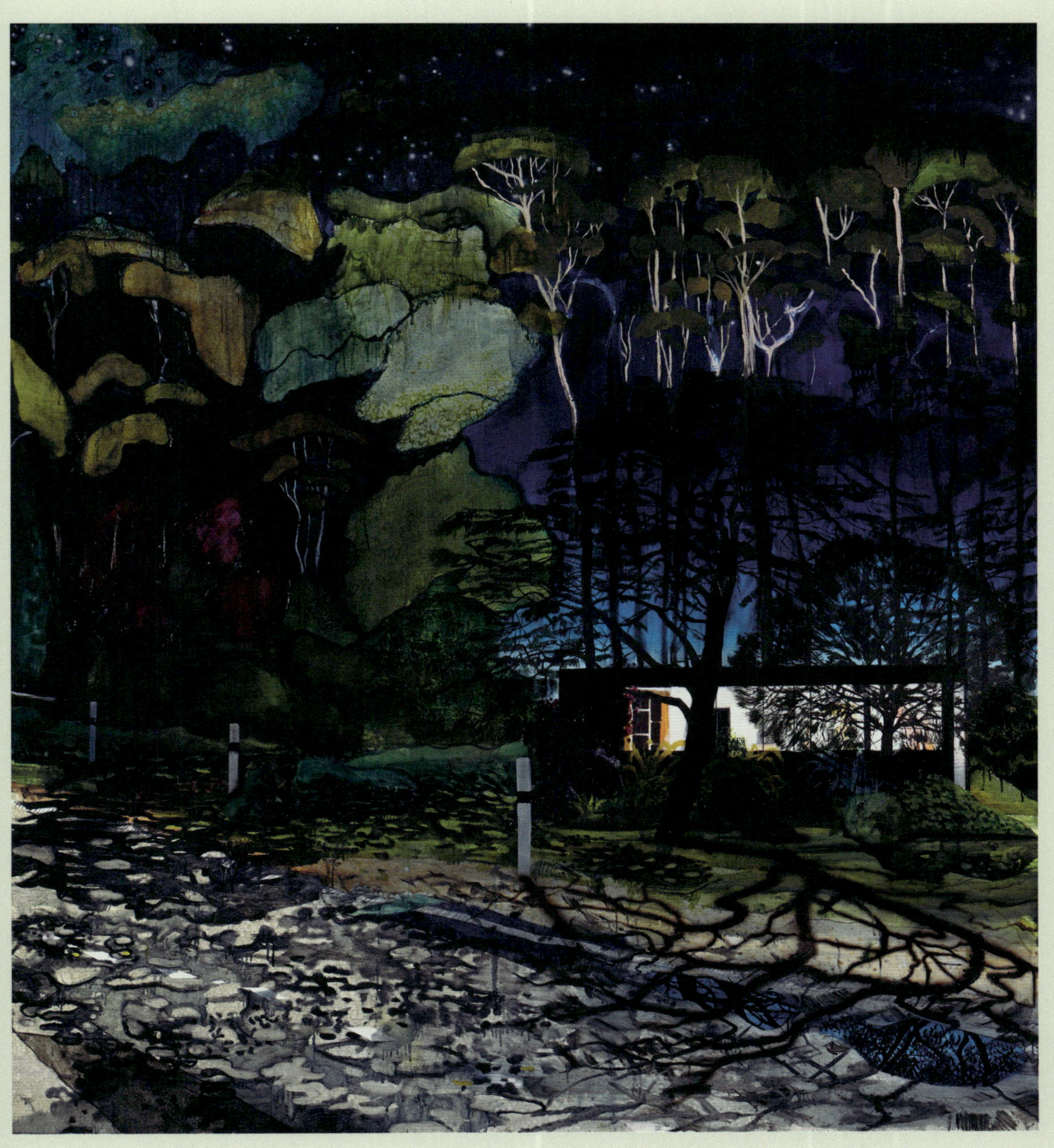

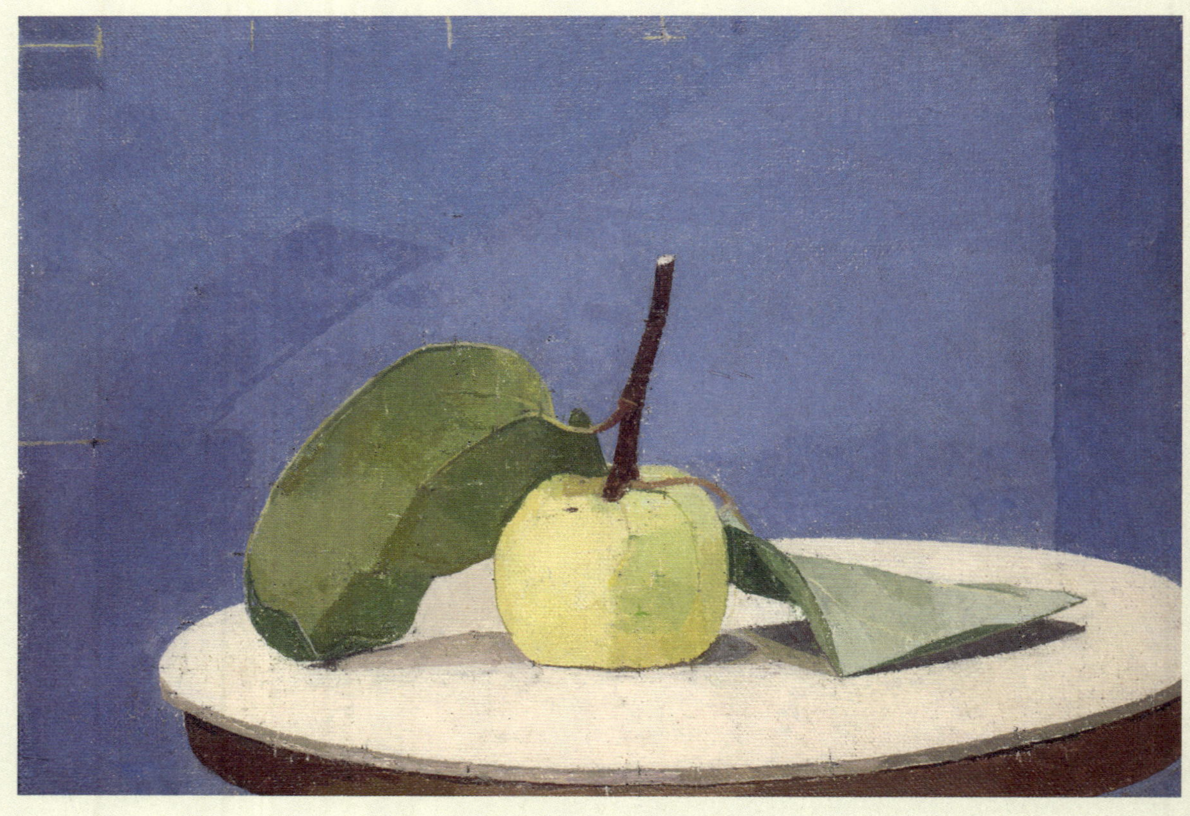

Euan Uglow
Quitte
Öl auf Leinen, auf Holztafel gespannt | 1995–97
25,4 x 35,6 cm

Euan Uglow experimentierte mit Acrylfarbe, bevorzugte aber immer Ölfarbe. Eine der entscheidenden Eigenschaften von Öl, die ihm gefiel, war, dass es nicht schnell austrocknet. So konnte er bestimmte Farbtöne, die er gemischt hatte, auch beim nächsten Mal noch verwenden.

Die richtige Umgebung

Ein exaktes Gemälde wie dieses erfordert Zeit. Diese Quitte sieht so einfach aus, doch lassen Sie sich nicht täuschen: Jede Linie und jede Kurve, wurden im Verlaufe von Wochen und Monaten immer und immer wieder überarbeitet.

Auf der Oberfläche von Euan Uglows Gemälde sind kleine Linien, Striche und Spuren sichtbar, Zeugnisse der akribischen Arbeitsweise des Künstlers. Jeder winzige Teil seines Motivs wurde gemessen und erneut gemessen und das Ganze in einzelne Sektionen zerlegt, die zusammen dieses außerordentlich kontrollierte Gemälde ergeben.

Uglows Malprozess begann mit einem gleichermaßen rigorosen Vorbereitungsprozess. Ganz gleich, ob er mit einem Stillleben oder mit einem Modell arbeitet – jeder Aspekt seines Motivs wird auf der Leinwand markiert und vorgezeichnet, um sicherzustellen, dass er über Wochen, Monate und sogar Jahre immer wieder zu dem Gemälde zurückkehren und an ihm weiterarbeiten kann.

Versuchen Sie, sich einen Arbeitsbereich zu schaffen, an dem Sie Dinge liegen- und stehenlassen können, ohne zu befürchten, dass sie verschoben werden. Das ist allerdings nicht immer möglich. Ein Stillleben könnten Sie daher in eine Kiste packen und die Objekte fixieren. So erschaffen Sie sich eine mobile Umgebung, die Sie wegpacken und später wieder hervorholen können.

Es verlangt Vorbereitung, wenn man Zeit beim Malen verbringen will. Sorgen Sie dafür, dass alles so eingerichtet ist, dass Sie später zurückkehren können.

Ein Gemälde daraus machen

Dieses Porträt von Paul Richards ist unglaublich lebensecht – nicht weil es wie ein Foto aussieht, sondern man hat das Gefühl, Cecilia könnte jederzeit aufstehen und aus dem Bild spazieren.

Die lebendige Energie des Gemäldes rührt aus Richards' dynamischem Umgang mit Farbe. Nichts bleibt verborgen; die Spritzer, Tropfen und Pinselstriche sind sichtbare Bestandteile des Gemäldes. Diese malerische Freiheit hat ihren Ursprung in seiner Arbeitsweise, bei der er sich von einer buchstabengetreuen Darstellung entfernt.

Richards beginnt mit einem kleinen, naturgetreuen Gemälde. Dieses erste Bild ist feiner ausgearbeitet als dasjenige, das wir hier sehen – ein bisschen wie ein Gemälde von Euan Uglow. Diese Studie dient als Referenz. Das endgültige Bild schafft Richards dann rein nach seinem eigenen Gemälde, ohne das Modell vor sich zu haben.

Diese Methode eignet sich gut, um sich von einer zu naturgetreuen Darstellungsweise zu befreien. Sie können hier erfinderisch und ausdrucksstark mit Ihrer Farbe umgehen, da Sie alle Lücken in den visuellen Informationen durch Ihre eigenen Erinnerungen und Eindrücke von Ihrem Modell ausfüllen. Ein Foto kann nützlich sein, ist aber nur eine Momentaufnahme. Ein eigenes Gemälde oder eine Zeichnung bedeutet, dass Sie Zeit aufgewandt haben, um das Modell genau anzuschauen und ein Gefühl dafür zu entwickeln.

Abstand von Ihrem Modell zu nehmen, gibt Ihnen die Freiheit, sich mehr auf die Schaffung einer visuellen Erfahrung zu konzentrieren. Sie fertigen ein Gemälde an, scheuen Sie sich deshalb nicht, auf Farbe zu zeigen. Machen Sie die Spuren und Pinselstriche zu einem integralen Teil des fertigen Ergebnisses.

Suchen Sie nach einer Möglichkeit, sich noch stärker auszudrücken.

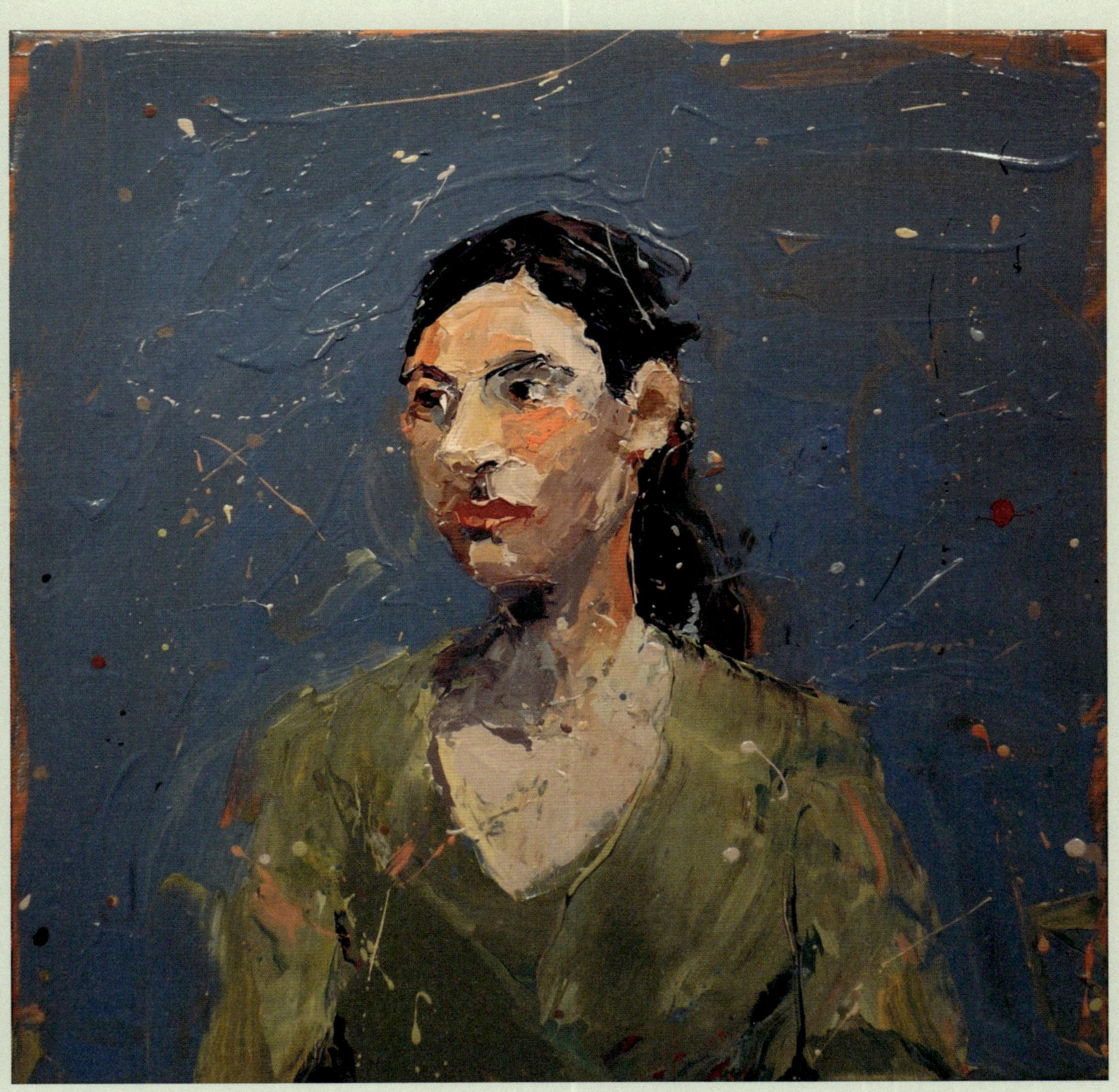

Paul Richards
Cecilia
Öl auf Leinwand | 2007
61 x 61 cm

Paul Richards macht die Ölfarbe in diesem Porträt durch den Zusatz von Leinöl flüssiger und lauffähiger. Das ändert die Konsistenz der Farbe, sie fließt besser und wird ein wenig durchscheinender. Sie glänzt außerdem stärker und trocknet nicht so schnell.

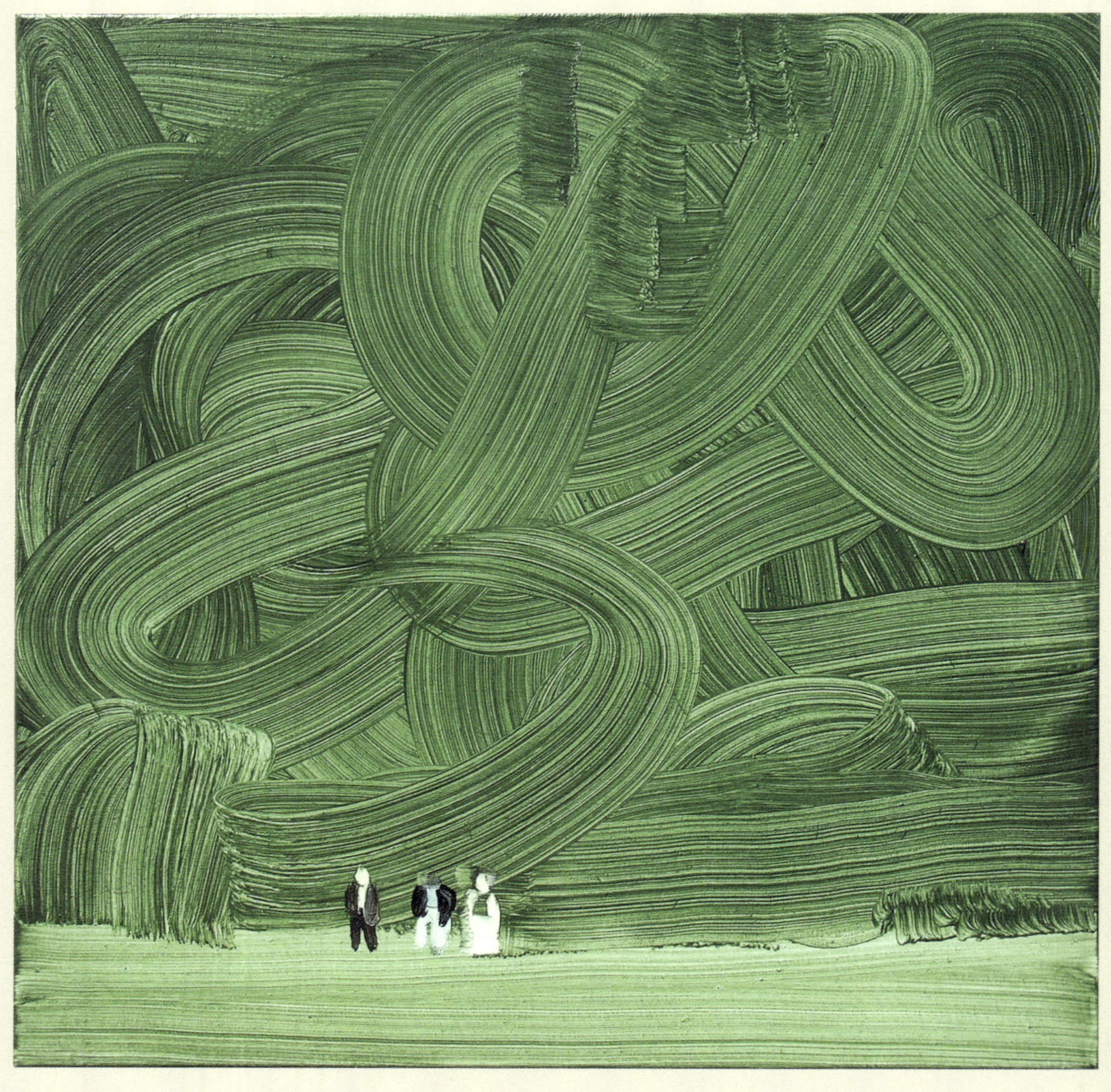

Wilhelm Sasnal
Wald
Öl auf Leinwand | 2003
45 x 45 cm

Wilhelm Sasnal hat hier seine Farbe verdünnt und einen breiten Pinsel mit harten Borsten verwendet. Dies hilft, den schwungvollen Wald im Hintergrund zu malen – die Pinselstriche sind bewusst sichtbar gelassen worden.

Alles an einem Tag

Wilhelm Sasnals Gemälde sind verspielt und direkt. In *Wald* sehen wir eine kleine Gruppe von Personen vor einer riesigen, wirbelnden Masse aus Grün. Sasnal erschafft das Laub eines dichten Waldes nicht durch das Malen von Ästen und Blättern, sondern durch eine Reihe ausdrucksvoller, wirbelnder Pinselstriche.

In diesem Gemälde geht es um Einfallsreichtum und Vereinfachung. Sasnal erlegt sich selbst diese Einschränkungen auf, indem er sich zwingt, diese Gemälde an einem einzigen Tag fertigzustellen.

Wir alle haben uns mit Gemälden gequält; das Hoch, wenn alles gut lief, und die erdrückende Enttäuschung, wenn wir es »verloren« haben. Eines der schwierigsten Dinge bei der Malerei ist es zu wissen, wann ein Gemälde fertig ist. Sasnal verkürzt diesen Prozess, indem er sich ein Zeitlimit setzt. Am Ende dieser Zeitspanne hört er auf, an seinem Gemälde zu arbeiten.

Diese Deadline hilft es, den Geist zu fokussieren und zwingt Sie, künstlerisch einfallsreich zu sein. Mit hoher Sicherheit führt dieses Vorgehen zu einigen dramatischen Entscheidungen und kühnen malerischen Schritten, doch das Ergebnis kann erstaunlich kreativ sein.

Ein Zeitlimit hilft Ihnen, neue und kreative Methoden zu erfinden, um Ihr Gemälde fertigzustellen.

Materialien, Ressourcen und Anordnung

Die Materialien und die Ausrüstung, die Sie für Ihr Gemälde verwenden, haben einen großen Einfluss darauf, wie Sie malen und wie es am Ende aussieht. Die Wahl des richtigen Werkzeugs und der Farbe ist wichtig, aber es muss nicht immer teuer sein. Improvisieren Sie ruhig.

Dies führt mich zu den Kosten. Man muss kein Vermögen ausgeben, um großartig malen zu können, aber wenn man die billigsten Farben und Pinsel kauft, wirkt sich das auf Ihr Gemälde aus. Besonders billige Pinsel neigen dazu, schnell ihre Form zu verlieren und auseinanderzufallen. Ebenso werden Sie besonders teure Farben nur sparsam benutzen, weil Sie sie nicht verschwenden wollen. Die meisten Anbieter haben ein gutes Angebot für Schüler, und wenn Sie sich dann selbstbewusster fühlen, können Sie auf das teurere Angebot zurückgreifen.

Farbe

Farbe ist ein in einem Bindemittel suspendiertes Pigment. Pigment ist ein farbiges Pulver, das von Pflanzen oder Mineralien stammt oder heutzutage im Labor hergestellt wird, während ein Bindemittel einfach eine klebrige Flüssigkeit ist. Mit Hilfe dieses Bindemittels kann die Farbe leicht bewegt werden und an der Oberfläche, auf die sie aufgetragen wird, haften bleiben. Alle Farben werden mit einem Lösungsmittel verdünnt, d. h. mit einer Flüssigkeit, die in der Lage ist, das klebrige Bindemittel aufzulösen.

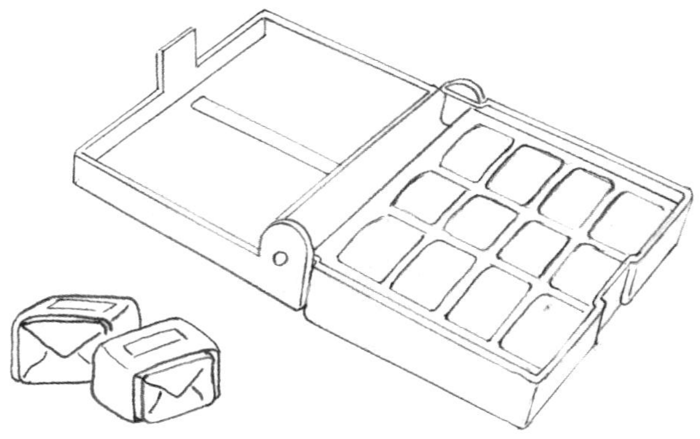

AQUARELL UND GOUACHE

- **Bindemittel = Gummiarabikum**
- **Lösungsmittel = Wasser**

Aquarellfarben gibt es in zwei Formen, als kleine massive Blöcke oder in Tuben. Wenig Farbe reicht lang, und man braucht nur Wasser, um sie zu verwenden und zu verdünnen. Aquarellfarbe ist durchscheinend. Sie ist recht preiswert und lässt sich gut transportieren, aber man kann keine Fehler oder Unterzeichnungen verdecken, der Umgang ist also nicht ganz einfach.

Gouache ist praktisch dasselbe. Sie haben dasselbe Pigment und dasselbe Bindemittel; der einzige Unterschied besteht darin, dass Gouache einen zusätzlichen Bestandteil (Kalziumkarbonat oder etwas Ähnliches) enthält, der es deckend macht. Sie können Gouache genauso wie Aquarellfarben verwenden. Gouache kann eine festere Farboberfläche ergeben, die für Spitzlichter nützlich sein kann, wenn Sie nicht das Weiß des Papiers verwenden wollen. Aquarellfarbe und Gouache werden oft zusammen verwendet.

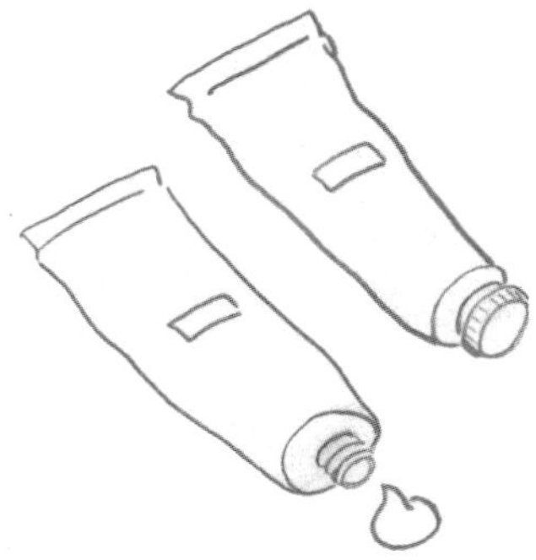

ÖLFARBE

- **Bindemittel = Leinöl**
- **Lösungsmittel = Terpentin**

Ein klassisches Medium. Unzählige Meisterwerke sind mit Ölfarbe gemalt worden. Sie bietet schöne, tiefe Farben und eine reiche, butterige Konsistenz. Ölfarbe ist undurchsichtig, so dass sie alles darunter Liegende bedeckt. Sie benötigt eine lange Trocknungszeit, kann also leicht gemischt werden, aber Sie müssen lange warten, wenn Sie eine Farbschicht darüber legen wollen. Das Terpentin muss mit Vorsicht behandelt werden, da es brennbar ist.

ACRYLFARBE

- **Bindemittel = Acrylpolymer**
- **Lösungsmittel = Wasser**

Diese Farbe ist noch relativ neu (erst in den 1950er-Jahren erfunden), doch sie ist großartig. Sie vereint die besten Eigenschaften von Aquarell- und Ölfarbe. Sie hat viele leuchtende Farben und ist dick und deckend wie Ölfarbe, lässt sich aber wie Aquarellfarbe mit Wasser verdünnen, was die Anwendung etwas einfacher macht und weniger riecht.

Es scheint, als wären Acryl und Gouache einander sehr ähnlich: Beide sind auf Wasserbasis und decken, können also entweder als Farbblock verwendet oder verdünnt werden, um ein durchscheinendes Wash zu erhalten. Acryl verwendet jedoch ein synthetisches Bindemittel, das Ölfarbe nachahmen soll, es hat eine dickere Konsistenz und trocknet mit einer plastischen Oberfläche.

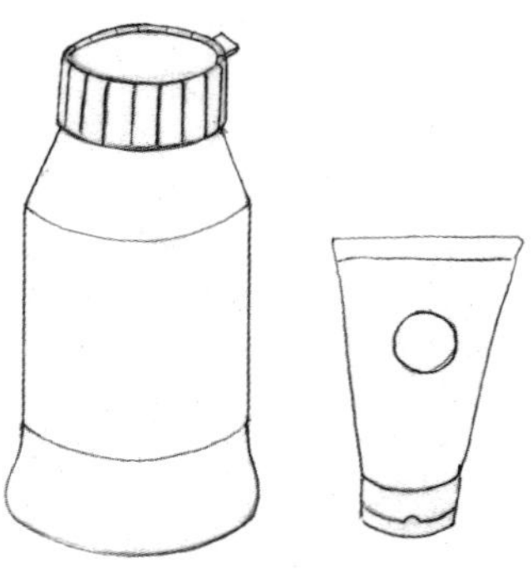

Einfach die richtige Farbe wählen

SCHNELLE SKIZZEN DRAUSSEN: Aquarell

Diese sorgen für schnelle, wirksame Washes. Sie sind schnell und einfach zu reinigen, besser als Öl und Acryl. Die kleinen Aquarellblöcke machen es leichter, keine Farbe zu verschwenden. Acryl und Öl eignen sich beide hervorragend, um schnelle Skizzen für den Außenbereich anzufertigen, aber sie sind im Hinblick auf die Anwendung viel aufwendiger.

GROSSES GEMÄLDE IM STUDIO: Acryl oder Öl

Acryl- oder Ölfarben sind für große Gemälde am besten geeignet. Sie sind dicker und robuster, und beide können wieder abgewischt und übermalt werden, wenn etwas schiefgeht. Acrylfarbe ist eine gute Wahl, weil sie billiger ist. Aquarellfarbe kann verwendet werden, aber es ist schwieriger, eine größere Fläche mit ihr zu kontrollieren.

LEUCHTENDE, INTENSIVE FARBEN: Acryl oder Öl

Beide gibt es in einer Vierzahl leuchtender und intensiver Farben.

Träger

Sie können auf jeder gewünschten Oberfläche malen. Diese Oberfläche wird als Träger oder Malgrund bezeichnet. Ihre Unterlage und die Art und Weise, wie Sie sie vorbereiten, haben einen großen Einfluss darauf, wie Ihr Bild aussehen wird, wie die Farbe sich verträgt und wie lange das Bild hält. Sie müssen es nicht übertreiben, aber es ist wichtig, etwas Zeit und Mühe darauf zu verwenden, die Dinge zum Malen vorzubereiten. Die Chancen stehen gut, dass Ihr Gemälde nicht so gelingen wird, wie es hätte aussehen können, wenn Sie Ihren Träger nicht richtig vorbereiten. Es wird Ihnen auch ein anderes »Gefühl« vermitteln, wenn Sie die Farbe auftragen.

Die besten Träger sind leicht und stabil: leicht, weil Sie sich leicht bewegen können wollen, und stabil, weil Sie nicht wollen, dass er sich verzieht, denn das würde Ihr Gemälde ruinieren.

LEINWAND UND LEINEN

Leinwand ist eine dicke, gewebte Baumwolle. Sie ist einer der gebräuchlichsten Träger für Öl- und Acrylfarben. Sie hat eine strukturierte Oberfläche aus dem Gewebe der Baumwolle. Es gibt sie in verschiedenen Gewichten von 10 oz bis 18 oz. 12 oz aus Baumwolle ist die am häufigsten verwendete Leinwand. Leinen ist teurer und hat in der Regel eine feinere Webart.

Leinwand oder Leinen werden normalerweise über einen Keilrahmen oder über ein Brett bespannt. Es können gespannte Leinwände oder Leinwandbretter gekauft werden. Diese werden fertig grundiert für Acryl und Öl geliefert.

PAPIER

Papier ist der Träger, mit dem die Menschen am vertrautesten sind, von dem dünnen, billigen Zeug, das man in einen Drucker steckt, bis zu Karton. Die Stärke des Papiers wird nach Gewicht abgestuft, wobei der Bereich für Kunstdruckpapiere zwischen 120 und 850 g/m² liegt.

Papier ist ein großartiger Träger für Aquarelle, aber es kann genauso gut für Acryl und Öl sein. Standard-Druckerpapier verwendet Holzzellstoff. Das beste Papier für die Verwendung beim Malen ist 100% hadernhaltiges Papier, da dieses Papier längere Fasern hat, die es stabiler machen..

Beim Malen sind 300 g/m² und mehr vorzuziehen. Alles darunter wird sich mit der Farbe wölben und verziehen. Je dicker und schwerer das Papier ist, desto stärker wird es sein.

PAPIERE HABEN VERSCHIEDENE OBERFLÄCHEN

- **Grob:** strukturierte Oberfläche.
- **Kaltgewalzt:** etwas glatter, aber immer noch rauh, um dem Pinsel etwas Widerstand zu liefern.
- **Heißgewalzt:** Das Papier wurde ein zweites Mal über eine heiße Walze gezogen. Die Oberfläche ist glatt und das Papier wird etwas fester. Gut für detailreiche Bilder.

Einige Papiere wurden behandelt, um sie weniger saugfähig zu machen, was sich auf den Verlauf der Farbe auswirkt. Jede Papiersorte hat eine andere Haptik. Sie haben alle eine unterschiedliche Textur, der die Haftung der Farbe auf der Oberfläche beeinflusst.

ÖL- UND ACRYLPAPIER

Hierbei handelt es sich um dickeres, versiegeltes und grundiertes Papier. Es hat eine ähnliche Textur wie Leinwand. Wenn Sie Ihr eigenes Papier für die Malerei vorbereiten möchten, können Sie es jedoch leicht selbst machen (siehe unten).

HOLZ UND MDF

Holzpaneele, wie Eiche oder Pappel, können verwendet werden (sie sind hirstorisch), aber sie sind keine idealen Träger für Malerei. Holz neigt beim Trocknen zum Verziehen, und es trocknet lange Zeit weiter.

MDF (medium-density fibreboard) ist das Beste. Es ist leicht zu bekommen und absolut stabil. Es ist in verschiedenen Dicken erhältlich, aber nicht zu dick, denn dann wird es schwer.

Grundierung

Auf Ihr Trägermaterial bringen Sie die Grundierung auf. Diese Vorbereitung hängt von der Farbe ab, die Sie verwenden, und von dem Effekt, den Sie erzielen wollen. Aquarell ist eines der Medien, das am wenigsten Vorbereitung erfordert, was ein Grund dafür ist, dass es ein so beliebtes Medium ist, wenn Sie anfangen.

Verschiedene Träger haben unterschiedliche Texturen und Saugfähigkeiten. Wenn Sie auf unvorbereitete Leinwand, Holz oder Papier malen, saugt es die Farbe auf und trocknet sie sehr schnell aus. Dies erschwert den Umgang mit der Farbe erheblich und kann dazu führen, dass die bemalte Oberfläche stumpf und tot aussieht.

Die Grundierung schafft eine Barriere zwischen Farbe und Träger.

HAFTGRUND, GRUNDIERUNG UND GESSO

Einfach gesagt sind dies die ersten Farben, die Sie auf den Träger auftragen, um darauf malen zu können.

PVA SIZE

Dies ist ein Leim, der zur Versiegelung auf die Leinwand oder das Papier aufgetragen wird, um weniger Farbe zu absorbieren. Traditionell wurde er aus Tierhaut hergestellt, inzwischen gibt es zahlreiche Varianten aus Acryl.

GESSO

Dabei handelte es sich traditionell um mit einem Bindemittel vermischte Kreide. Heutzutage ist es fast immer ein synthetisches Acrylbindemittel. Dieses wird nach dem Size aufgetragen und ergibt eine starre weiße Oberfläche, auf die man malen kann. Es kann mehr als eine Schicht aufgetragen werden, und wenn Sie es wirklich glatt haben wollen, können Sie es abschleifen. Die meisten Arten von Gesso sind heutzutage dasselbe wie eine Grundierung.

ACRYLGRUNDIERUNG

Dies ist die gebräuchlichste Grundierung. Es handelt sich dabei um eine dicke weiße Farbe, die direkt auf den Träger aufgetragen wird. Sie ergibt eine feste, aber flexible weiße Oberfläche und sollte, wie Gesso, mindestens ein paar Schichten haben. Ölgrundierung gibt es auch.

WEISSGRUNDIERUNG

Weißgrundierung erhalten Sie in Ihrem örtlichen Baumarkt. Es ist das Zeug, mit dem Sie Ihre Wände streichen würden. Es bietet einen völlig ausreichenden Untergrund ist ist sehr preiswert. Sie ist dünner als Gesso und Acrylgrundierung, so dass Sie einige Lagen benötigen.

Es lohnt sich, mit verschiedenen Trägern zu experimentieren, weil die Farben unterschiedlich wirken werden. Darum gibt Ihnen diese Aufstellung eine ungefähre Orientierung.

Paletten

Die Palette ist ein weiterer wichtiger Teil der Ausrüstung des Malers, aber für eine Palette brauchen Sie nicht viel Geld auszugeben: ein weißer Teller genügt. Hier werden Ihre Farben aufgetragen und gemischt, bevor Sie sie auf die Leinwand bringen. Ihre Palette muss nahe an Ihrem Träger sein; deshalb haben sie manchmal ein kleines Daumenloch, damit Sie sie beim Malen auf Ihrem Unterarm balancieren können.

Die Farben müssen sich leicht mischen lassen. Ordnen Sie Ihre Farben in Klecksen um den am weitesten vom Körper entfernten Rand herum an, wobei in der Mitte Platz zum Mischen bleibt. Es ist gut, eine größere Menge Weiß zu haben. Vielleicht nehmen Sie sogar zwei Kleckse, einen zum Mischen und einen für die Lichter.

1. Klassiche Palette in Nierenform / 2. Abreiß-Palettenblock / 3. Klemmtiegel / 4. Rechteckige Aquarellpalette/ 5. Runde Aquarellpalette / 6. Glas

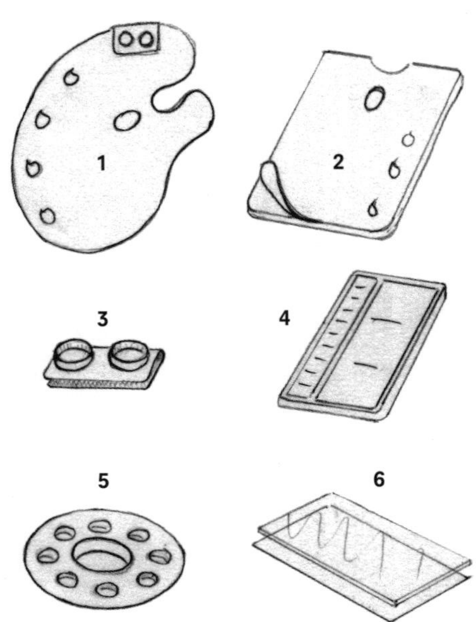

Farben

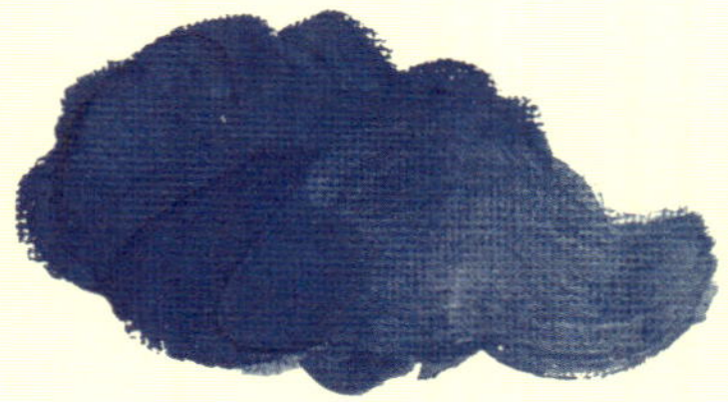

1. ULTRAMARIN

Wunderschönes, vielseitiges Blau. Gut mischbar mit Rot- und Brauntönen für satte dunkle Töne. Hat einen winzigen Hauch von Rot, um ein wärmeres Blau zu erhalten.

2. PTHALOBLAU

Gut mischbar mit Gelb, um lebhafte Grüntöne zu erhalten. Kann großartig für den Himmel sein. Hat einen winzigen Hauch von Grün in sich, um ein etwas kühleres Grün zu erhalten. (Kobaltblau ist auch ein kühleres Blau.)

3. ZITRONENGELB

Kann frische und zarte Grüntöne erzeugen. Überraschend kühle Farbe.

4. KADMIUMGELB (BLASS)

Warmes, starkes Gelb. Sehr vielseitig und mein Lieblingsgelb.

5. KADMIUMGELB (DUNKEL)

Satt und warm. Fast orange, mischt sich gut mit Rottönen. Ich führe das hier nur des Unterschieds wegen zu dem blassen Ton auf.

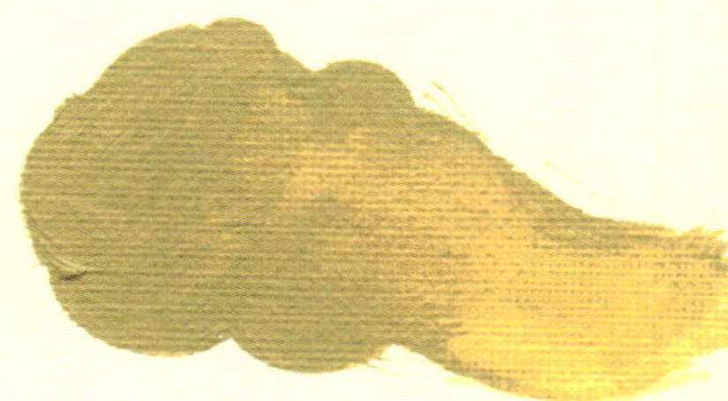

6. GELBER OCKER

Sehr tiefes Gelb, fast braun. Hervorragend für Landschaften, da es subtile Grüntöne erzeugt. Erzeugt auch ein schönes, intensives, warmes Gelb, wenn es mit Weiß gemischt wird.

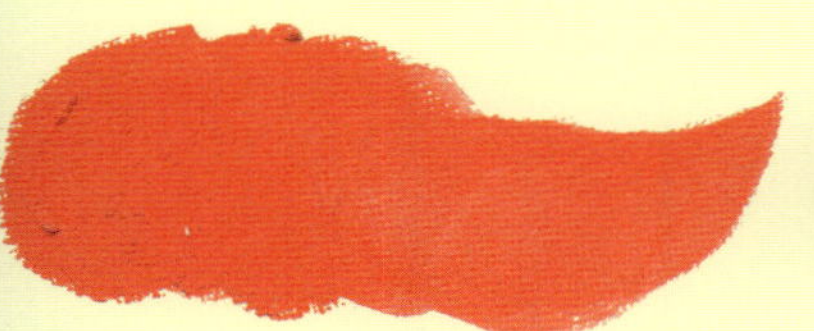

7. KADMIUMROT

Eine weitere vielseitige Farbe. Es ist ein intensives Rot, das sich gut vermischt, um leuchtende Rosa- und Violetttöne zu erzeugen.

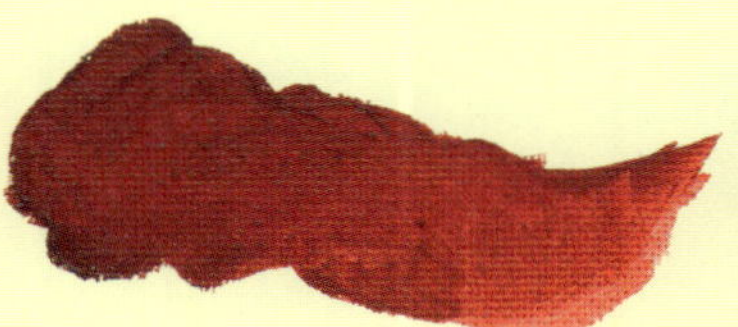

8. KRAPPLACK

Ein kühles Rot mit einem Hauch von Blau darin. Macht sanftes, zartes Rosa und ergibt ein schönes Violett, wenn es mit Ultramarin gemischt wird. Großartig in der Porträtmalerei.

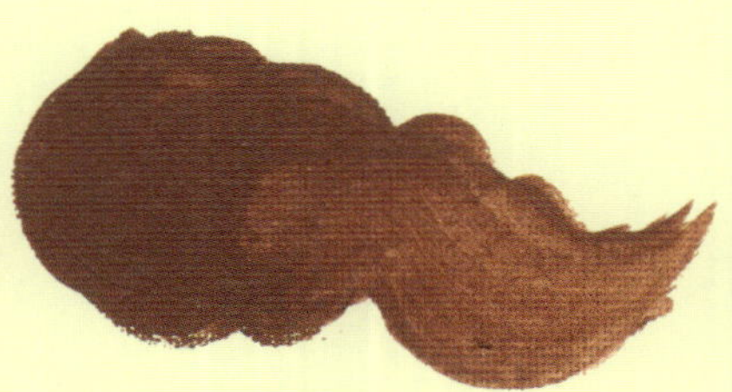

9. SIENA GEBRANNT

Ein warmes Rotbraun. Meine Lieblingsfarbe und die erste auf meiner Palette. Mischt sich hervorragend mit Ultramarin, um dunkle Töne und warme Grautöne zu erzeugen. Mischt sich gut mit den meisten Farben, um weiche und subtile Töne herzustellen.

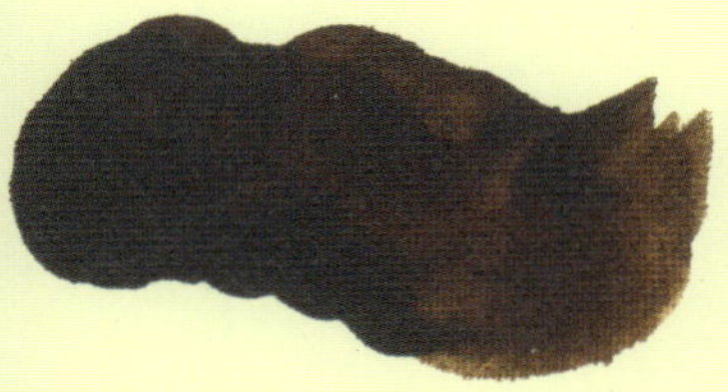

10. UMBRA GEBRANNT

Intensives Dunkelbraun. Lebendiger als Umbra natur, der meiner Meinung nach die Farben abtötet. Erzeugt sehr dunkle Töne, wenn es mit Ultramarin gemischt wird. Es hat einen gelben Farbton und kann gute Grautöne erzeugen.

WEISS

Es gibt mehrere Weiße: Zinkweiß, Titanweiß, Flockenweiß, sogar Mischweiß. Titan ist ein wirklich gutes Allround-Weiß. Es lässt sich gut mischen und hat eine gute Deckkraft und Fülle. Weiß ist die Farbe, die Sie in einer etwas hochwertigeren Ausführung anschaffen sollten.

Lösungsmittel

Für Acryl- und Aquarellfarben (und Gouache) ist dies Wasser. Viel Wasser verdünnt Ihre Farbe zu einem Wash; ein wenig Wasser hilft der Farbe zu fließen. Je mehr Wasser Sie Ihrer Farbe hinzufügen, desto transparenter wird sie; dies kann auch die Kontrolle erschweren.

Für Ölfarbe benötigen Sie entweder Testbenzin oder Terpentin. Testbenzin ist etwas billiger als Terpentin, aber es ist auf Mineralölbasis und daher nicht so rein. Künstlerterpentin wird aus Kiefernharz destilliert, was ihm seinen unverwechselbaren Geruch verleiht. Es ist reiner als Testbenzin und hält die Farben etwas frischer. Um ehrlich zu sein, der Unterschied ist marginal. Wenn Sie anfangen, würde ich mir keine allzu großen Sorgen machen.

Hinweis: Das Verdünnen Ihrer Ölfarbe mit Lösungsmittel löst im Grunde das Öl in der Farbe auf. Das bedeutet, dass es beim Trocknen den Glanz verliert und leicht matt aussieht.

Pinsel

Die Auswahl der richtigen Pinsel für Ihr Gemälde kann verwirrend sein. Pinsel gibt es in einer ganzen Reihe von Größen und Formen. Sie können aus allen Arten von Tierfellen, -haaren und -borsten oder aus Kunststoff hergestellt werden.

Sie können all dies auf harte und weiche Pinsel reduzieren. Einige Leute sprechen von Aquarellpinseln, Öl- und Acrylpinseln, aber diese Unterscheidungen sind nicht sinnvoll. Wählen Sie einfach den Pinsel, der für Sie funktioniert und der den gewünschten Effekt erzeugt.

FORMEN

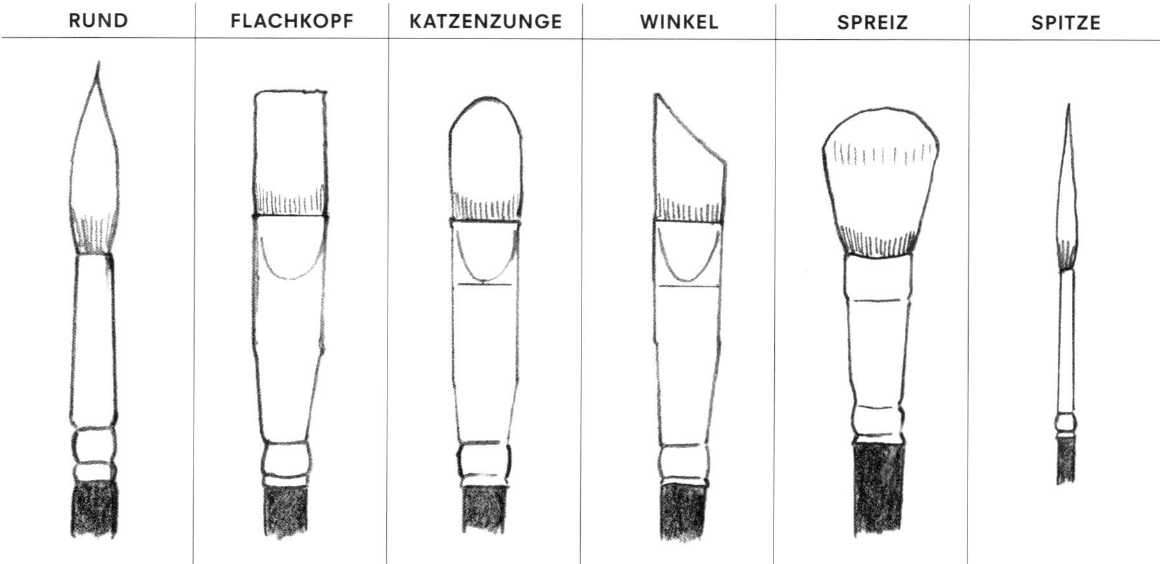

GRÖSSEN

Ärgerlicherweise variieren diese je nach Hersteller leicht. Sie reichen von 000, was winzig ist, bis 30, was wirklich groß ist. Am besten schaut man sich im Laden um und bekommt ein Gefühl für den Pinsel. Einige haben einen langen Stiel, andere einen kurzen. Machen Sie sich darüber keine Sorgen; es ist letztendlich das, womit Sie sich wohlfühlen und was in Ihrem Bild die richtige Wirkung erzielt.

QUALITÄT

Die qualitativ hochwertigsten Bürsten, in der Regel größere Tierhaarpinsel, können ein kleines Vermögen kosten. Sie müssen aber nicht so viel ausgeben. Achten Sie nur darauf, dass die Borsten alle kompakt und ordentlich sind, ohne dass die Borsten abstehen. Achten Sie bei Rundpinseln darauf, dass sie einen guten Bauch haben und dass die Spitze spitz zuläuft.

PFLEGE

Um Ihre Pinsel in gutem Zustand zu halten, müssen Sie sie pflegen. Lassen Sie sie nicht mit dem Kopf nach unten in Terpentin oder Wasser liegen; auf diese Weise verlieren sie am schnellsten ihre Form und die Borsten spleißen.
Wenn Sie fertig sind, spülen Sie so viel Farbe wie möglich in Terpentin oder Wasser ab und wischen Sie mit einem sauberen Lappen oder Tuch nach. Dann lassen Sie es unter lauwarmem Wasser laufen (heißes Wasser löst die Borsten) und reiben Sie vorsichtig ein Stück Seife ein, dann spülen Sie erneut unter dem Wasserhahn, bis das Wasser klar wird. Wenn Sie den Kopf Ihres Pinsels von der Zwinge bis zur Spitze ausdrücken, können Sie sicherstellen, dass er sauber ist.
Verwenden Sie einen Borstenpinsel für rauer strukturierte Oberflächen, da Ihr synthetischer Pinsel sich schnell zersetzt, und mit dicker Farbe, wenn die Pinselstriche sichtbar sein sollen.
Weiche und synthetische Pinsel eignen sich gut für einen glatteren Auftrag von dicker Farbe und zum Mischen.

Anordnung

Wenn Sie mit dem Malen beginnen, werden Sie wohl kein Atelier haben. Das ist in Ordnung, aber es ist gut, wenn etwas Platz schaffen, an dem Sie die Dinge zwischen den Malsitzungen ungestört stehen lassen können. Diese ganze Ausrüstung brauchen Sie nicht. Ein Tisch, eine Staffelei auf der Tischplatte und ein Platz zum Aufbewahren Ihrer Farben und Paletten reichen aus, aber je mehr Platz Sie bekommen, desto besser.

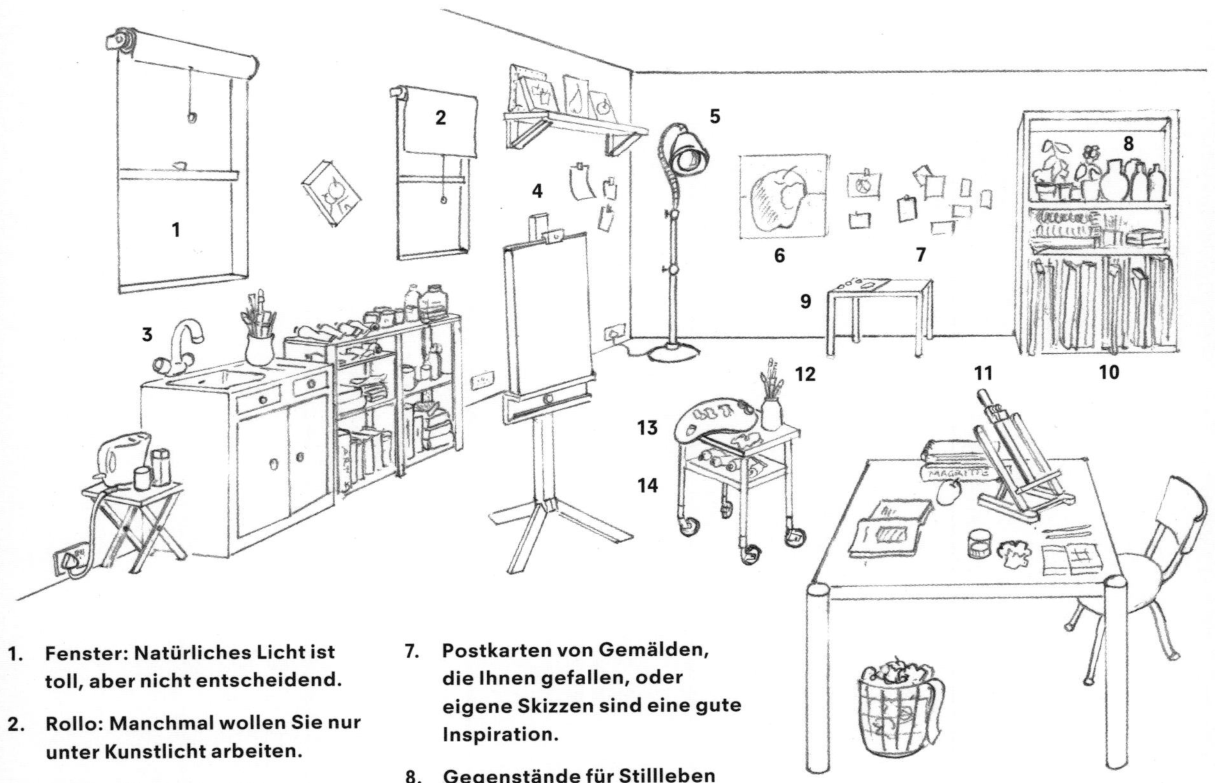

1. **Fenster: Natürliches Licht ist toll, aber nicht entscheidend.**
2. **Rollo: Manchmal wollen Sie nur unter Kunstlicht arbeiten.**
3. **Spüle: Fließendes Wasser ist wichtig, um die Pinsel zu reinigen.**
4. **Staffelei: Nicht unbedingt nötig, aber ein schöner Bestandteil der Malerausrüstung. Vor allem können Sie von einer Staffelei zurücktreten und das Gemälde mit Abstand betrachten.**
5. **Lampe: Licht ist wichtig beim Malen. Sie müssen Ihre Farben gut sehen können, deswegen brauchen Sie gutes Licht. Auch wichtig zum beleuchten eines Stilllebens.**
6. **Keine Staffelei? Kleben Sie Ihr Papier an die Wand und malen Sie dort.**
7. **Postkarten von Gemälden, die Ihnen gefallen, oder eigene Skizzen sind eine gute Inspiration.**
8. **Gegenstände für Stillleben**
9. **Tisch für Palette und Pinsel**
10. **Aufbewahrung für bemalte Leinwände**
11. **Tisch-Staffelei. Sehr nützlich. Sie können den Winkel verändern, sie ist also für alle Medien geeignet. Sie können Sie auch wegpacken, sie nimmt also nicht zu viel Platz ein.**
12. **Pinsel**
13. **Palette**
14. **Kleiner Rollwagen. Nicht essenziell, aber nützlich**

Index

Kursive Seitenzahlen kennzeichnen Illustrationen.

Dank

Danke an alle, vor allem bei Laurence King Publishing, die mich beim Schreiben dieses Buches unterstützt und mir geholfen haben, es ins Ziel zu bringen. Leider sind es zu viele, um sie hier alle zu nennen. Manche möchte ich dennoch besonders erwähnen. Wie immer geht mein Dank an meinen Lektor Donald Dinwiddie und meinen Designer Alex Coco für ihr umfassendes Wissen und ihre unglaubliche Geduld. Mit ihnen zu arbeiten ist ein echtes Vergnügen. Eve Blackwood, deren Rat auf Augenhöhe und praktische Unterstützung so wertvoll sind, vor allem auf den letzten Etappen. Die geniale Gang im The Sundeck Café in Hampton Pool, Dabbie, Joanna, Joey und James, die mich mit Tee, Kaffee und guten Vibes aufgebaut haben. Schließlich an meine Mum und meinen Dad, weil sie immer für mich da sind – einfach großartig.

Bildnachweise

S. 6 Tate Gallery London / © ADAGP, Paris and DACS, London 2020, **S. 11** © Sunga Park, **S. 12** © Pechane Sumi, **S. 15** Private Collection / Bridgeman Images, **S. 16** Victoria & Albert Museum, London, UK / Bridgeman Images, **S. 19** © Harry Stooshinoff, **S. 20** © Walter Robinson, **S. 24** The Philip L. Goodwin Collection. Acc. no.: 99.1958. New York, Museum of Modern Art (MoMA). © 2020. Digital image, The Museum of Modern Art, New York/Scala, Florenz, **S. 27** Hamburger Kunsthalle, Hamburg, Deutschland / Bridgeman Images, **S. 28** Bridgeman Images, **S. 31** Bridgeman Images, **S. 32** © The Lucian Freud Archive / Bridgeman Images, **S. 38 (LEFT)** © Heirs of Josephine Hopper/ Licensed by Artists Rights Society (ARS) NY/DACS, London 2020 Digital image Whitney Museum of American Art / Licensed by Scala, **S. 38 (RIGHT)** © Heirs of Josephine Hopper/ Licensed by Artists Rights Society (ARS) NY/DACS, London 2020 Digital Image Whitney Museum of American Art /Licensed by Scala, **S. 39** © Heirs of Josephine Hopper/ Licensed by Artists Rights Society (ARS) NY/DACS, London 2020 Digital image Columbus Museum of Art, Columbus, OH, USA / Digital image Artothek / Bridgeman Images, **S. 40** © Geraint Evans, **S. 46** © Los Carpinteros, Courtesy Sean Kelly, New York and Fortes D Aloia and Gabriel Sao Paulo, **S. 49** © Wendy Artin, **S. 50** Bridgeman Images, **S. 53** © The estate of Richard Carline, **S. 54** © Cathleen Rehfeld, **S. 57** Bridgeman Images, **S. 58** Painters / Alamy Stock Photo, **S. 62** The Picture Art Collection/Alamy Stock Photo, **S. 66** Museum of Fine Arts, Boston. All rights reserved/Scala, Florence, **S. 69** © ADAGP, Paris and DACS, London 2020 Licensed by Scala, **S. 70** © Estate of Stanley Spencer. All Rights Reserved 2018 / Bridgeman Images, **S. 73** Photo © Christie's Images / Bridgeman Images, **S. 74** Lahr & Partners for Ben Schonzeit / Bridgeman Images, **S. 77** Photo © Christie's Images / Bridgeman Images, **S. 78** © Peter Doig. All Rights Reserved, DACS 2020 Image from Saatchi Gallery, London, **S. 81** Bergen Art Museum, Norwegen / Photo © O. Vaering / Bridgeman Images, **S. 82** Museum der Stadt, Ulm, Deutschland / Bridgeman Images, **S. 86** © Estate of Allan D›Arcangelo/VAGA at ARS, NY and DACS, London 2020 Photo Smithsonian American Art Museum/Art Resource/ Scala, Florenz, **S. 89** © Tate Gallery, London, **S. 90** © Lisa Breslow, **S. 93** © Humphrey Ocean. All rights reserved, DACS 2020, **S. 94** © Catherine Kehoe, **S. 97** © Nick Archer, **S. 98** Photo © Lefevre Fine Art Ltd., London / Bridgeman Images, **S. 101** Prudence Cuming Associates Collection Museum of Fine Arts, Boston, © David Hockney, **S. 104** © Maggi Hambling. All Rights Reserved 2019 / Bridgeman Images / Tate, London, **S. 107** © Hiroyuki Yamada, **S. 108** © Conrad Jon Godly, **S. 111** Courtesy of the artist, Hugo Michell Gallery and Jan Murphy Gallery, **S. 112** Private Collection / Browse and Darby, London / Bridgeman Images, **S. 115** © Paul Richards, **S. 116** © Wilhelm Sasnal, courtesy Sadie Coles HQ, London